本书的出版得到河南省社会科学重点
研究基地——中原农耕文化与乡村发展研
究基地和许昌学院学科发展基金的资助！

U0600574

困人口能力建设的结构性困境与影响因素

李文君　著

郑州大学出版社

图书在版编目(CIP)数据

贫困人口能力建设的结构性困境与影响因素 / 李文君著. ——
郑州：郑州大学出版社，2021.4(2024.6 重印)
ISBN 978-7-5645-6902-0

Ⅰ. ①贫…　Ⅱ. ①李…　Ⅲ. ①贫困问题 – 研究 – 中国
Ⅳ. ①F126

中国版本图书馆 CIP 数据核字(2020)第 248181 号

贫困人口能力建设的结构性困境与影响因素
PINKUN RENKOU NENGLI JIANSHE DE JIEGOUXING KUNJING YU YINGXIANG YINSU

策划编辑	胥丽光		封面设计	苏永生
责任编辑	宋妍妍		版式设计	凌　青
责任校对	胡佩佩		责任监制	李瑞卿

出版发行	郑州大学出版社		地　　址	郑州市大学路 40 号(450052)
出 版 人	孙保营		网　　址	http://www.zzup.cn
经　　销	全国新华书店		发行电话	0371-66966070
印　　刷	廊坊市印艺阁数字科技有限公司			
开　　本	710 mm×1 010 mm　1 / 16			
印　　张	12.75		字　　数	191 千字
版　　次	2021 年 4 月第 1 版		印　　次	2024 年 6 月第 2 次印刷

书　　号	ISBN 978-7-5645-6902-0		定　　价	88.00 元

前　言

　　贫困是世界性问题,消除贫困是世界各国人民的共同愿望。联合国千年发展目标(MDGs)旨在将全球贫困水平在2015年之前降低一半。中国是第一个实现联合国千年发展目标使贫困人口比例减半的国家,为全球减贫事业做出了重大贡献。

　　中国减贫事业取得的重大成就与我国的经济制度变革和采取强有力的扶贫开发政策紧密相关,贫困人口能力建设是扶贫开发政策的重要内容。十八大后,中央提出精准扶贫的战略,确保到2020年全面建成小康社会。由于剩余的贫困人口贫困程度较深,减贫成本更高,脱贫难度更大,必须加强贫困人口的能力建设,激发贫困人口的内生动力,由偏重"输血"向注重"造血"转变。可喜的是经过8年精准扶贫、5年脱贫攻坚战,全国832个贫困县全部脱贫摘帽,2020年年底,我国所有的贫困人口即将退出,全面建成小康社会将全面收官,开启社会主义现代化国家建设的新征程。

　　能力是完成一项目标或者任务所体现出来的综合素质,能力是直接影响活动效率,并使活动顺利完成的个性心理特征。能力总是和人完成一定的实践相联系在一起。离开了具体实践既不能表现人的能力,也不能发展人的能力。贫困人口的能力总是与其从事的农业生产实践紧密相关,并影响能力的表现。本书正是基于这样的立论基础,以豫西4个贫困县农村实用技术培训的个案材料,以政府购买公共服务的理论和贫困影响评价的逻辑框架法为基础,以相关利益主体的关系为分析线索,通过对贫困人口能力建设工作的过程展现,重点从基层政府、培训机构和贫困人口相互关系的角度分析贫困人口能力建设的结构性困境及影响因素。结果发现,针对贫困人口的农村实用技术培训存在"有用"但"无效"的结构性困境。

　　农村实用技术培训的目的是培育和促进特色产业发展,提高贫困人口的科技文化素质和自身发展能力,带动贫困人口增收脱贫。基层政府是贫困人口能力建设的主导者、委托者和监管者,培训机构是贫困人口能力建设的代理者、服务的提供者和生产者,贫困人口是能力建设的接受者。基层政府通过培训基地建设和管理,把农村实用技术培训的任务直接委托给培训机构,并加强监督和管理;培训机构积极动员贫困人口参与培训并以贫困人口的需求为目标开展相应的培训。本书认为,尽管政府和培训机构都做出了巨大努力,希望能够提供贫困户需要且能够产生实效的培训服务,但实际情况是,培训供给者确实瞄准了贫困人口,确实采取了及时跟进贫困户培训需求和贫困户认为"有用"的灵活措施,但根据培训对象需求提供的培训服务很快就被培训对象抛诸脑后,并没有产生推动种养业发展和脱贫增收的实际效果,进而使得农业实用技术培训陷入"有用无效"的困境。

这种困境的主要原因既在于政府和培训机构的简单化供给方式以及贫困人口人力资本的弱能化构成,更主要的是传统农业生产方式碎片化的结构性原因,因而是一种结构性困境。一方面,政府和培训机构以满足贫困人口的需求为主要目标,而农户的需求以传统农业为主,导致以农户需求为目标的培训方式偏离了农村实用技术培训以特色产业为主的初衷;另一方面,由于贫困人口人力资本存量低,很难把学习内容转化为自身能力。他们能够感觉到农业技术培训是有用的,但他们缺乏正确理解和掌握这些技术的能力,也没有学以致用的自觉意识;小规模与多样化叠加在一起形成的碎片化农业生产方式,使得实用技术的学习与应用须投入很多时间、精力,而其收益受到很大抑制。

政府和培训机构的执行方式、贫困人口人力资本存量低是导致培训效果不彰的重要原因,而更重要的问题则在于,如果不把农业生产方式的结构性特征纳入分析视野,那么运用多主体分析框架,得出的可能仍然只是表面化结论或似是而非的结论。换言之,不论在政府、培训机构等培训供给者那里,还是在贫困人口那里,抑或是在三类主体的关系中,都可以找到培训效果的影响因素,但更根本的因素则是外在于多主体分析框架的农业生产方式,即碎片化农业生产方式才是农业实用技术培训"有用无效"的根本原因。

因此,在精准扶贫实践中,政府可以把农村实用技术培训规划与产业扶贫规划整合在一起,把实用技术培训嵌入产业化扶贫项目中,与适度规模经营和延伸产业链条结合在一起,是提升培训效果、突破结构性困境的基本方向。

本书基于"经验到理论,理论再到经验"的学术思路,从实际的田野调查中总结归纳,创造性地提出"有用无效"的学术概念,用以概括目前普遍开展的贫困人口能力建设政策和措施的内卷化问题,把对贫困人口能力建设的评价机制和方法区分为"主观——有用"和"客观——无效"两个方面,然后再回到具体的实践中,强调贫困人口的能力建设必须关注贫困人口从事的农业生产实践——碎片化的农业生产方式,用以解决这一结构性困境。

消除绝对贫困即将取得决定性的胜利,但农民的能力建设永远在路上,在乡村振兴在全国大力开展之际,政府开展的各类农民培训也面临着相似的问题,如果不解决同样的困境,农民能力建设的效果也将大打折扣,这也是本书研究的价值和意义所在!

目录

导言 ··· 1

  一、研究背景与缘起 ·· 1

  二、研究问题 ··· 7

  三、文献评述 ··· 8

  四、研究方法 ··· 27

  五、研究思路与研究内容 ···································· 31

第一章　贫困人口能力建设的问题及分析框架的提出 ········· 34

  一、我国贫困人口能力建设的宏观背景与政策 ·············· 34

  二、我国贫困人口能力建设的体制机制 ··················· 38

  三、"有用无效"：贫困人口能力建设问题的表现 ··········· 44

  四、本研究的分析框架 ···································· 49

第二章　基层政府在农村实用技术培训中的行为逻辑 ········· 66

  一、"委托代理理论"的分析框架 ························· 67

  二、案例县农村实用技术培训项目的委托过程 ············· 69

  三、政府在农村实用技术培训中的监督 ··················· 78

  四、农村实用技术培训的验收与结项 ····················· 92

第三章　培训机构在农村实用技术中的执行过程与行为逻辑 ··· 96

  一、培训机构在农村实用技术培训中的行为目标 ··········· 96

  二、农村实用技术培训的组织动员和内容开发过程 ·········· 108

三、"以贫困人口需求为目标"的农村实用技术培训效果 …………… 123

第四章　能力贫困、农业生产方式的碎片化与农村实用技术培训的

　　　　"无效" …………………………………………………………… 129

一、贫困人口的能力贫困与农村实用技术培训的效果 …………… 129

二、传统农业生产方式的碎片化与农村实用技术培训的效果 …… 141

三、转技为能:贫困人口能力建设取得实效的可能性 …………… 152

第五章　结论与讨论 …………………………………………………… 164

一、"有用无效":贫困人口能力建设的结构性困境 …………… 164

二、贫困人口能力建设结构性困境的影响因素 ………………… 166

三、贫困人口能力建设的相关问题讨论 ………………………… 171

四、本研究的理论启示与进一步讨论 …………………………… 177

参考文献 ………………………………………………………………… 181

附录1　农村实用技术培训入户调查问卷 ……………………………… 191

附录2　农村实用技术培训扶贫办主要领导访谈提纲 ………………… 195

附录3　农村实用技术培训村干部访谈提纲 …………………………… 196

导　言

一、研究背景与缘起

自 20 世纪 70 年代末期以来,我国农村减贫取得了举世瞩目的成就,按照中国当时的贫困标准,农村绝对贫困人口由 1978 年的 2.5 亿下降到 2005 年的 1 479 万人,贫困发生率从 30.7% 下降到 1.6%。[①] 后来多次调整扶贫标准,特别是 2001 年和 2010 年国家两次大幅调整,将扶贫标准提高到年人均纯收入 872 元和 2 536 元,农村贫困人口也相应增加,2011 年的农村贫困人口为 1.22 亿人。经过"十二五"规划和"十三五"规划的大力扶贫,截至 2018 年末,农村贫困人口减少到 1 660 万人,贫困发生率为 1.4%。而剩下的贫困人口贫困程度深、脱贫难度大。[②]

我国减贫巨大成就的取得是一系列制度变革和有组织、有计划、大规模的扶贫措施共同作用的结果。我国农村的反贫困历程,同时也是我国现代化的过程,呈现出与经济、社会发展相一致的趋势,并表现出明显的阶段性特征。新中国成立之初到改革开放之前主要是以恢复国民经济为目标的经济政策消除了极端贫困;改革开放以来,制度性变革作用下的大规模贫困人口减少主要依靠的是以家庭承包经营为主的农村改革,极大地提高了农民的生产积极性和增强了农业生产效率;在社会主义市场经济条件下,高速的经济增长和农村扶贫开发政策及专项扶贫计划的共同作用,使农村贫困问

---

①　李小云、徐进、于乐荣:《中国减贫四十年:基于历史与社会学的尝试性解释》,《社会学研究》2018 年第 6 期。

②　新华社:《中共中央 国务院关于打赢脱贫攻坚战的决定》(中发〔2015〕34 号)。

题得到极大的缓解;进入 21 世纪,制度变革、经济增长和开发式扶贫政策的边际效益越来越小,农村贫困人口减少的速度也越来越慢。

佩西认为"唯有人类素质和能力的发展才是取得任何新成就的基础,才是通常所说的'发展'的基础"。[①] 英克尔斯是从个人角度讨论现代化问题的杰出代表,在研究发展中国家人的变化,即人的现代化的时候强调从 20 世纪中叶开始第三世界纷纷建立了民族国家,但"许多新的国家实际上只是一个缺少使得国家成为有活力、有效力的社会政治和经济事业的制度结构的空壳","认识到除非人民的态度和能力同其他形式的发展步调一致,否则国家建设和制度的建立只是徒劳无益的行动"。[②] 他认为一个国家的国民是现代的,这个国家才是现代的。他进一步指出扎根于传统的农业乡村社会、同近代科学技术的利益绝缘以及不受现代大众传媒刺激的人们,并没有明显表现出这些以及相关的素质。那么,什么是人的现代性? 英克尔斯、史密斯等人认为人的现代性就是人的素质的一个特征组,即乐于接受新经验、准备接受社会的变革、具有形成意见并持有意见的倾向、积极地获取形成意见的事实与信息、时间性上面向现在或将来而不是过去、相信人能够学习如何控制他的环境、更有计划性、可依赖性和信任感、重视专门技术、教育与职业的志愿等是现代人的素质清单。[③] 教育、大众传播媒介、工厂经历是个人现代性塑造的重要途径,而且教育是形成现代性的首要因素。在一个国家和地区社会中,农村地区特别是贫困地区的人们在现代性方面一开始就碰到了实质性的障碍,其现代性的程度要明显低于其他地区。因此,对贫困人口的能力建设(教育、培训)是促进其现代性的重要方式。

---

① 《中华人民共和国国务院公报》2015 年 35 期,第 11—21 页。[意]奥雷利奥·佩西:《人类的素质》,薛荣久译,北京:中国展望出版社,1988 年版,第 183 页。

② [美]阿列克斯·英克尔斯、戴维. H. 史密斯:《从传统人到现代人:六个发展中国家中的个人变化》,顾昕译,北京:中国人民大学出版社,1992 年版,第 3 页。

③ 同上,第 23—30 页。

　　贫困人口能力建设项目一直是我国扶贫开发战略政策的重要组成部分。如果从我国专项扶贫的角度来看,2000 年以前的扶贫政策主要是以解决贫困人口温饱、增加贫困人口收入为主的救济式扶贫和开发式扶贫,而2001 年之后的扶贫政策则转向以增加贫困人口收入和提高贫困人口能力并重的开发式扶贫。1982 年 12 月我国实施的"三西"农业建设计划①主要从改变农业生产条件入手,如兴修水利、改造农田、推广增产技术,发展以种养殖业和农产品加工业为主要内容的支柱产业,对一方水土养不起一方人的特殊干旱地区实施大规模的自愿移民搬迁。1984 年由原国家计划委员会(现国家发展和改革委员会)安排投资的为改善贫困地区基础设施建设而设立的以工代赈计划,无偿投入实物和资金,但必须要求贫困人口通过出工投劳来获得救济,实际上是通过救济对象参加必要的社会公共工程建设获得赈济实物或资金的救济式扶贫方式。1984 年开始实施的连片贫困地区优惠政策主要有减免农业税,鼓励外区到贫困地区兴办开发型企业,发展交通运输业,促进山区商品经济发展,搞好经济建设。1993 年,中央感到不采取超常规的措施,很难实现到 20 世纪末解决贫困人口的温饱问题的目标。1994年,国务院颁布了《国家八七扶贫攻坚计划(1994—2000 年)》,1996 年中共中央、国务院出台《关于尽快解决农村贫困人口温饱问题的决定》进一步部署落实八七扶贫攻坚计划,提出把解决贫困人口温饱问题作为首要任务,发展商品经济和农村种养殖业、林果业和农副产品加工业。在能力建设方面,两份文件都初步提出要把扶贫工作转移到依靠科技和提高贫困人口的素质上来,加大科技扶贫力度、普及初等教育、做好农村扫盲工作、加强成人教育和职业教育。② 可以看出,这一阶段的任务以解决极端贫困人口的温饱问题

---

　　① "三西"地区是指甘肃中部以定西地区为代表的干旱地区 20 个县(区)、甘肃河西地区 19 个县(区、市)和宁夏西海固地区 8 个县,共计 47 个县(市、区),农业人口约 1 200 万。"三西"农业建设计划每年专项拨款 2 亿,建设周期为 10 年,共 20 亿,提出的目标是 3 年停止破坏、5 年解决温饱、2 年巩固提高。

　　② 中共中央、国务院:《中共中央、国务院关于尽快解决农村贫困人口温饱问题的决定》,《中国贫困地区》1996 年第 6 期,第 14–17 页。

为主,主要措施是物质和资金救助,发展贫困地区的经济,并初步提出贫困人口能力建设的思路。

实施《国家八七扶贫攻坚计划》以后,农村贫困人口大幅度减少、贫困现象明显缓解,农村贫困人口的温饱问题已经基本解决,但中央认识到解决剩余贫困人口的温饱问题和巩固温饱成果任务仍很艰巨。2001 年颁布的《中国农村扶贫开发纲要(2001—2010 年)》指出,"巩固温饱成果,提高贫困人口的生活质量和综合素质……逐步改变贫困地区经济、社会、文化的落后状况",认识到提高贫困人口的科技文化素质是增加贫困人口经济收入和脱贫致富的重要措施和根本途径。提出"切实加强基础教育,普遍提高贫困人口受教育的程度。实行农科教结合,普通教育、职业教育、成人教育统筹,有针对性地通过各类职业技术学校和各种不同类型的短期培训,增强农民掌握先进实用技术的能力"。① 这一阶段,国家对贫困人口能力建设开始重视,2004 年以来在全国范围内实施了一系列"阳光工程""农村劳动力技能就业计划""雨露计划"等增加农村劳动力转移就业和贫困人口职业技能提升的能力建设工程。《中国农村扶贫开发纲要(2011—2020 年)》强调我国的"扶贫开发工作已经从解决温饱转入巩固温饱成果、提高发展能力的新阶段,需要更加注重增强扶贫对象自我发展能力,鼓励和帮助有劳动能力的扶贫对象通过自身努力摆脱贫困",②继续强调提高农村实用技术和劳动力转移培训水平,对农村贫困劳动力开展实用技术培训。《中共中央 国务院关于打赢脱贫攻坚战的决定》(中发〔2015〕34 号)强调积极推进贫困村创业致富带头人培训工程和加强新型职业农民培训,提高贫困人口脱贫能力。

贫困人口的科技文化素质是影响其脱贫致富的重要因素,而贫困人口的能力建设是增强其脱贫能力、增加收入的根本途径。《中国农村扶贫开发

---

① 国务院:《国务院关于印发中国农村扶贫开发纲要(2001—2010 年)的通知》,《中华人民共和国国务院公报》2001 年第 23 号。

② 国务院:《中国农村扶贫开发纲要(2011—2020 年)》,《老区建设》2011 年第 23 期,第 12-28 页。

的新进展》白皮书指出，"2004年以来,中央政府累计安排财政扶贫资金30亿元人民币,实施以劳动力转移为主要内容的'雨露计划',对贫困家庭劳动力开展务工技能和农业实用技术培训。到2010年,培训贫困家庭劳动力超过400万人次,其中80%以上实现转移就业"。① 《〈中国农村扶贫开发纲要(2001—2010年)〉实施效果的评估报告》对劳动力输出和培训政策进行评估后指出,劳动力输出和培训对缓解农村贫困起到了积极的作用,促进了贫困地区劳动力外出的概率,贫困县的劳动力外出务工比例接近非贫困县的水平,外出务工收入比在当地就业获得的收入高,成为贫困家庭收入的重要组成部分,在提高贫困人口收入的同时也提高了其人力资本投入。② 但是也指出了劳动力输出和培训中存在的问题及结构性因素,如贫困地区的培训参与率低于非贫困地区将近一半,且贫困地区的低技能水平者、年龄较大者及女性参与培训的比例低,低收入家庭从中获益较小,贫困地区的公共服务水平和基础设施落后制约劳动力外出。报告建议根据低技能水平者的文化水平特征,在培训内容、组织形式上创新培训机制,积极吸引和动员这部分贫困人口参加职业技能培训,从而在培训中受益。③

笔者在调研的过程中发现,政府主导的贫困人口能力建设项目——农村实用技术培训在实践中表现出"有用无效"的矛盾和结构性困境。对于政府和培训机构来说,在逐年加大培训的投入、监督和检查的同时,要根据贫困人口的需求安排培训内容,以期能够提升贫困人口的能力;贫困人口的确掌握了一定的实用技术,而且对农村实用技术培训的评价较高,表示很实用。从表面来看,似乎已经达到了农村实用技术培训的目的,但是进一步的调查后却发现农村实用技术培训对贫困人口所从事产业的效果并不明显或者效果甚微,高评价并不能代表实际的效果。那么,其中的原因是什么呢?

---

① 中华人民共和国国务院新闻办公室:《中国农村扶贫开发的新进展》白皮书,《人民日报》2011年11月17日。
② 范小建:《完善国家扶贫战略和政策体系研究》,北京:中国财政经济出版社,2011年版,第263页。
③ 同上。

是什么机制在起作用？需要对这一困境问题进行深入的研究。因此,笔者以农村实用技术培训为例,选择"贫困人口能力建设的结构性困境"为题开展研究。

在精准扶贫的大背景下,贫困人口能力建设项目既要瞄准贫困人口,还要产生实效。在实践中出现的贫困人口能力建设项目效果不明显、贫困人口参与不足,既与政府部门和相关机构的执行相关,也与贫困人口的能力贫困、农村生产实践环境相关,在不同的条件下呈现不同的规律。从现有研究来看,对贫困人口能力建设困境既有从政府部门项目监管的角度去研究的,也有从代理机构代理问题的角度去研究的,还有从贫困人口的角度研究的,但是把三者结合起来研究的很少。贫困人口能力建设困境的出现并不是单一主体因素起作用的结果,因此,需要从政府、社会、市场、贫困人口的相互关系及贫困人口所在的农业生产实践环境中去探寻,才能找到贫困人口能力建设结构性困境的影响因素。

本研究以豫西4个国家级贫困县农村实用技术培训为例,在对基层政府扶贫部门、培训机构和贫困村贫困人口调查的基础上,从基层政府扶贫部门与培训机构的委托代理关系、培训机构的执行过程以及贫困人口的角度,分析贫困人口能力建设的结构性困境,并进一步提出解决此困境的政策理论思路。

对于本研究的意义,主要有理论和实践两方面。理论意义方面来讲,瞄准贫困人口并产生减贫实效是扶贫开发工作题中应有之义,但贫困人口能力建设实践却常常出现贫困人口参与不足、受益不高的情形。这不仅与政府定向配置公共资源的能力、内外部制度安排有关,还与贫困人口的弱能化构成和农业生产实践环境有关,在不同制度、关系条件下呈现出不同的具体规律。基于农村实用技术培训的经验,揭示贫困人口能力建设实践中的结构性困境和具体规律,探索贫困人口能力建设的科学机制,对于推动减贫理论的突破与发展具有较大的价值;实践意义方面来讲,能力提升是贫困人口增加收入和实现脱贫的根本途径。贫困人口的能力建设不仅要求政府投入更多的扶贫资源,更要求这些资源能够产生实际成效。否则不仅浪费公共资源,还将严重损害贫困人口的利益以及党和政府的形象。因此,围绕如何实现贫困人口的能力建设成效探索科学规律和提出可行的理论推进思路,对于贫困人口能力建设的实践也具有重要的现实意义。

贫困问题是一个在世界范围内被关注的问题,贫困人口的能力建设是一个国家反贫困研究和实践的重要组成部分,也是贫困人口脱贫致富的根本。贫困人口能力建设结构性困境的本质是小农经济在工业化、城镇化和市场化背景下的发展困境问题和贫困人口现代性的问题。在此背景下,贫困人口能力建设的研究和实践,不仅关系我国农业农村的发展进程,而且对我国实现全面小康社会的目标具有重要的意义。因此,本书虽然以农村实用技术培训为例来探讨贫困人口能力建设,但更主要的是把它放在发展社会学的学科背景中讨论,分析农业农村发展和中国特色农业现代化的道路问题和人的现代性问题。

二、研究问题

从学理上看,贫困人口能力建设涉及基层政府扶贫部门、代理机构和贫困人口三大利益主体,委托代理关系是扶贫资源配置和传递的关键,贫困人口的能力贫困是阻碍接受能力建设项目的重要原因。委托代理理论假设委托人和代理人都是理性化的主体,行为目标都是为了实现个人利益的最大化,而且委托人和代理人的行为目标和利益是不相一致的,甚至是相互冲突的,由于利益的相互冲突和信息不对称,代理人可能利用合同关系从中获取利益,损害代理人的利益,产生代理问题。贫困人口的人力资本存量低可能会阻碍对新知识的接受和应用,传统小农经济生产方式短时间内难以改变,会直接影响能力建设项目的接纳程度。

贫困人口由于能力不足长期陷入贫困,贫困人口能力建设项目由政府主导,试图通过购买服务的形式提高贫困人口的能力,从而提高其收入。但在实践层面的表现是,在精准扶贫的强大压力下,一方面政府通过加强监督以期减少培训机构的代理行为,培训机构也在努力开发适合农村贫困人口实际需求的培训内容,探索相应的培训模式,提高培训质量;而另一方面由于贫困人口的能力贫困、农业生产方式的碎片化,阻碍或无法应用本来"有用"的实用技术。单独从各主体行为理性的角度来看,可能都没有问题,但是从实际情况来看,并没有达到预期的培训效果。因此,就会使贫困人口的能力贫困陷入一种"贫困人口能力贫困—政府主导能力建设—能力建设效果不佳"的恶性循环,呈现贫困人口能力建设"有用无效"的结构性困境。

循此思路,基层政府扶贫部门与培训机构的委托代理关系、贫困人口的能力贫困和农业生产实践环境是把握本研究的关键。实践中对基层政府扶贫部门与培训机构行为逻辑、贫困人口能力贫困、农业生产实践环境进行研究,进而在三者关系的分析框架下探寻贫困人口能力建设的结构性困境就成为本研究的主要研究问题。

贫困人口的能力建设是一项长期又艰巨的任务。从长期来看,加强基础教育是根本之策,从短期来看,通过职业技能和实用技术培训能够迅速提高某一方面的技能,但必须搭建相应的平台或配套相应的措施才能使这些技能找到产生效用的着力点。因此,本研究试图提出贫困人口的能力建设与特色农业产业化相结合——转技为能的理论推进思路,突破贫困人口能力建设的结构性困境。

三、文献评述

本研究关注的是贫困人口能力建设的结构性困境。其中的能力建设是指由政府主导的以提高贫困人口科技文化素质和产业发展水平的培训项目,特指周期较短的培训,如劳动力转移就业培训与农村实用技术培训;结构性困境主要指从政府、培训机构和贫困人口的相互关系结构以及农业生产实践环境中分析贫困人口能力建设实践效果不佳的困境和规律。围绕这一主题,本研究在对能力贫困理论回顾的基础上重点从政府部门、培训机构和贫困人口这三大利益相关者的角度对国内外相关文献进行梳理。

笔者在中国知网高级检索主题中输入"贫困人口"与"能力建设"关键词,在核心期刊和 CSSCI 文献中只有 1 篇是谈"贫困人口自我发展能力提高"的相关文献;输入"贫困人口"与"能力贫困"关键词,共搜索到 18 篇相关文献,剔除与上面检索重复和不相关的,只有 8 篇是谈贫困人口能力贫困的文献。直接输入"农村劳动力转移培训"共搜索到 171 篇相关文献,输入"农村实用技术培训"共搜索到 11 篇相关文献,而且这些文献大多从地方经验谈农村劳动力转移培训和农村实用技术培训取得的成就、存在的问题与对策、模式与经验、满意度的影响因素等。从现有的研究来看,对贫困人口能力建设的经验研究相对较多,而理论研究则比较匮乏。

(一)国外能力贫困与能力建设的相关研究

贫困存在于每一个国家,消除贫困是一个世界性的难题。对于贫困及反贫困的研究,涉及政治学、经济学、社会学等领域,可谓内容庞杂,理论丰富。本部分仅就与本研究主题相关的可行能力贫困理论、人类贫困与多维贫困理论、贫困文化论、人力资本论等研究进行简要回顾。

1. 阿马蒂亚·森的可行能力贫困理论

20 世纪 80 年代初,阿马蒂亚·森通过大量案例考察和实证分析突破了传统的收入贫困概念,提出了可行能力理论和能力分析的路径,他认为"在分析社会正义时有很强的理由用一个人所具有的可行能力来判断其个人的处境,根据这一视角,贫困必须被视为对基本可行能力的剥夺,而不仅是收入低下",①对贫困的实质性衡量必须使用有关反映能力的指标。可行能力贫困理论的意义在于"贫困可以用可行能力的被剥夺来合理地识别;除了收入低下外,还有其他因素也影响可行能力的被剥夺;低收入与低可行能力之

---

① [印]阿马蒂亚·森:《以自由看待发展》,任赜、于真译,北京:中国人民大学出版社,2002 年版,第 86 页。

间的工具性的联系,在不同的地方,甚至不同家庭和不同的个人之间是可变的"。① 森认为,在考察反贫困的公共政策时,第三点尤为重要。在研究发展时,森认为发展是扩展人们享有真实自由的过程,他的自由实质上是用可行能力来定义的,即享有人们有理由珍视的那种生活的可行能力。"实质自由包括免受困苦——诸如饥饿、营养不良、可避免的疾病、过早死亡之类——基本的可行能力,以及能够识字算数、享受政治参与等的自由",②森在《不平等之考察》一书中把可行能力与生活内容联系起来,提出"能力集"的概念,认为能力集就是获得各种生活内容的不同组合,即能力集就是生活内容的向量的集合,反映了个体从各种可能的生活状态中做出选择的自由。③ 森的自由既是发展的目的也是发展的手段(工具),所采用的自由观既是确保行动和决策自由的过程,也是人们在给定的境况下所享有的机会。④ 他分析了五种工具性自由:政治自由、经济条件、社会机会、透明性担保和防护性保障。其中社会机会主要指在社会教育和健康等方面的制度安排,他举例"不识字对一个人参与那些要求按照规格生产或对质量进行严格管理的经济活动来说,是一个绝大的障碍。类似地,不会读报,或者不能与其他参加政治活动的人书面联系,对于政治参与也是一种限制"。⑤ 这些工具性自由直接扩展为人们的可行能力,相互联系、相互影响。社会保障和实质性公共资助等社会安排对个人自由的实现具有决定性的作用。在把中国和印度相比较后,森指出,中国的发展速度快于印度,除了市场开放的时间不同外,还得益于中国较高的教育水平,受过教育的人口能够迅速抓住市场经济的机会,同

---

① [印]阿马蒂亚·森:《以自由看待发展》,任赜、于真译,北京:中国人民大学出版社,2002 年版,第 86 页。

② 同上,第 30 页。

③ [印]阿马蒂亚·森:《不平等之考察》,王利文、于占杰译,北京:社会科学文献出版社,2006 年版,第 257–258 页。

④ [印]阿马蒂亚·森:《以自由看待发展》,任赜、于真译,北京:中国人民大学出版社,2002 年版,第 12 页。

⑤ 同上,第 32 页。

时中国的健康水平也要高于印度。① 森的可行能力贫困理论的意义在于把人们对贫困的理解从手段（收入）转向可行能力，加强了对贫困性质及原因的理解，也指出了贫困的表现形式，为研究贫困人口的能力贫困提供了基本的方向，对贫困理论做出了很大的贡献。之后，研究者基于阿马蒂亚·森的能力方法理论，对贫困的研究逐渐推向以权利和能力为主的多维角度，构建了多维贫困指数，以更加全面地反映贫困人口的多维度被剥夺情况。②

2. 人类贫困与多维贫困理论

人类贫困理论是随着人们对"增长发展观"和"涓滴式减贫观"弊端的质疑以及"人类发展"新的发展观的普及和影响而提出来的。联合国开发计划署在《1990 年人类发展报告》提出"人类发展"的概念，经过 20 年的发展，《2010 年人类发展报告》将"人类发展"定义为："人类发展是扩大人类自由的过程，人享有长寿、健康、过体面生活的自由；享有实现他们有理由珍视的目标的自由；享有在共享的地球上积极参与营造公平、可持续发展的自由。不论个人还是群体，均既是人类发展的受益者也是人类发展的驱动者"。③ "人类贫困"的概念是相对应于"人类发展"概念的，即"人类贫困"就是对"人类发展"权利的剥夺。联合国开发计划署在《1997 年人类发展报告》中提出"人类贫困"的概念，并且提出了衡量人类贫困状况的指标体系，即"人类贫困指数"（HPI），HPI 反映的是一个国家在人类发展方面被剥夺的情况，HPI 指数越大，表示一个国家贫困程度越深。《2000 年人类发展报告》中认为"人类贫困是多方面的贫困——健康长寿生活的被剥夺、知识的匮乏、体面生活的丧失以及缺少参与，等等"。由于"人类贫困指数"表达的信息太少并且只能反映一个国家或地区的人类贫困状况，不能对家庭贫困状况做出

---

① ［印］阿马蒂亚·森：《以自由看待发展》，任赜、于真译，北京：中国人民大学出版社，2002 年版，第 34 页。
② 王小林：《贫困标准及全球贫困状况》，《经济研究参考》2012 年第 10 期。
③ 谭诗斌：《现代贫困学导论》，武汉：长江出版传媒、湖北人民出版社，2012 年版，第 67 页；陈雪莲：《人类发展：评判社会发展进程的新分析框架：以近六十年来中国的发展为例》，《马克思主义与现实》2010 年第 1 期。

评价,《2010 年人类发展报告》提出了"多维贫困"的概念,并设计了反映多维贫困的指数,多维贫困包括收入不足、不良的健康和营养状况、较低的受教育水平和技能、谋生手段的缺乏、恶劣的居住条件、社会排斥以及社会参与的缺乏等。多维贫困指数不仅能对家庭进行贫困衡量,也能对一个国家或地区的贫困状况进行评估。[①]

3. 贫困文化论

美国学者奥斯卡·刘易斯在 1959 年首次提出"贫困文化"的概念。他通过对贫困家庭和社区的研究发现贫困文化是贫困产生的重要原因,认为贫困人口之所以贫困,是因为有"贫困文化"在起作用。贫困是一种自我维持的文化体系,它使得穷人与其他社会成员相隔离,产生脱离主流社会、主流文化的亚文化。处于贫困文化中的个人、家庭和社区具有独特的文化观念和生活方式,而且能够代际传递。贫困人口的下一代会受到贫困文化的熏陶,在长期的生活中很难改变自己的生活方式,也很难利用机会摆脱贫困。英国的约瑟夫持与刘易斯的观点类似,提出了"剥夺循环论",认为贫困化行为会通过家族传递,一代一代延续下去。虽然这种观点的有失偏颇遭到了相当多学者的批评,但也指出了贫困现象存在的部分根源。[②]

4. 舒尔茨的人力资本理论

西奥多·W.舒尔茨是从事农业经济问题研究的专家,他在《改造传统农业》中认为农业可以为一个国家的经济增长做出贡献,但只有现代化的农业才能对经济增长做出重大的贡献,而传统农业则不能。他在该书的序言中开宗明义地说,"本研究的目的是要说明,传统农业的基本特征是向农民世代使用的那种类型农业要素投资的低收益率……为了改造这种类型的农业,就要发展并供给一套有利可图的要素。发展和供给这种要素,并学会有

---

① 谭诗斌:《现代贫困学导论》,武汉:长江出版传媒、湖北人民出版社,2012 年版,第 69 页。

② 安春英:《非洲的贫困与反贫困问题研究》,北京:中国社会科学出版社,2010 年版,第 25-26 页。

效地使用这些要素,是投资——向人力和物质资本的投资——的事"①。

舒尔茨认为传统农业是一种特殊类型的经济均衡状态,其基本特征是技术状况、持有和获得收入来源的偏好和动机保持不变,从而导致"获得作为收入来源的农业要素的边际偏好和动机同作为一种对持久收入流投资的这些来源的边际生产力以及同接近于零的纯储蓄达到一种均衡状态"②。他认为传统农业贫穷落后的原因就是资本收益率低下,导致农民不可能增加储蓄和投资,从而长期保持停滞的均衡状态。那么,改造传统农业的关键就是引进新技术,即新的生产要素。他提出建立一套适于传统农业的制度、从供给和需求方面创造引进新技术的条件以及向人力资本进行投资。他认为人力资源是各国物质财富的最终基础,增进贫困人口福利的决定性因素主要是人口质量。农民是新技术的需求者,贫穷社会的农民接受新技术的速度取决于采取和使用该技术对于他的有利性。对这些新的技术需要通过学习才能使用,包括通过在职培训和教育的方法学习新的有用知识和有用技能。在职培训可以由企业、政府机构或农民自己通过示范、讨论和短期的培训和业余学校来提供;教育在长期来看是促进贫穷社会的农业经济增长最有效的方法。③

综上所述,舒尔茨认为发展中国家贫困的原因在于传统农业的低效率,因此,摆脱贫困就需要把传统农业改造成现代农业,这一过程中需要让农民采用新技术和新的生产要素,因此他主张向人力资本进行投资,通过长期的教育投资和短期的在职培训提高农民的素质。

① [美]西奥多·W.舒尔茨:《改造传统农业》,梁小民译,北京:商务印书馆,2006年第2版,序言。
② 同上,第26页。
③ 同上,第140-148页。

(二)国内能力贫困与贫困人口能力建设的相关研究

1. 国内农村人口能力贫困研究回顾

国内关于贫困人口能力贫困的研究基本上是在介绍、借鉴森的能力贫困和舒尔茨的人力资本理论的基础上展开的。主要集中在能力贫困对农村贫困的影响、能力贫困的内涵及表现、提高贫困人口能力的对策建议等方面。

已有的研究发现,农村人口能力上的贫困是造成农村人口收入低下并陷入贫困的重要因素。对于农村人口能力贫困的表现的归纳,主要存在以下几种解释。

(1)农村人口能力贫困的表现研究

贫困人口的健康生存能力贫困。持此观点的有方劲,他认为农村人口谋生的主要方式是体力劳动,健康状态差会影响人们有效地组织各种功能性的活动。[1] 段世江认为贫困地区农村人口健康生存能力非常弱,主要体现在三个方面:安全饮用水的不足、疾病控制能力薄弱,抵御疾病风险的能力较低,卫生资源不足导致的就医难。[2] 高梦滔、姚洋则基于中国 8 个省份、15 年的微观面板数据发现,健康风险冲击的长期影响会持续 15 年,这种冲击对于中低收入的农户影响更甚。[3]

贫困人口知识存量偏低。尹飞霄对知识存量低导致的贫困进行了如下解释,他认为,其一,根据要素分配理论,社会根据生产要素在商品和劳务生产过程中的投入比例和贡献获得相应的报酬。受教育程度低的人,其个人的生产率相对较差,只能得到相对较低的报酬。其二,劳动者文化程度的低

---

① 方劲:《可行能力视野下的新阶段农村贫困及政策调整》,《经济体制改革》2011 年第 1 期。

② 段世江、石春玲:《"能力贫困"与农村反贫困视角选择》,《河北大学学报(社会科学版)》2005 年第 1 期。

③ 高梦滔、姚洋:《健康风险冲击对农户收入的影响》,《经济研究》2005 年第 12 期。

下抑制了其参与复杂的劳动。其三,文化程度较低者,也限制了其资源优化配置能力。其四,文化程度低下降低了劳动者在市场上获得就业的机会。

段世江从两方面就知识贫困导致的贫困进行解释:一是低素质劳动群体会构成低素质屏障效应,从而制约农村经济发展;二是知识贫困直接导致农民经济贫困。刘修岩等基于农户调查数据分析了教育与消除农村贫困之间的关系,他认为教育对消除农村贫困的影响在统计意义上十分显著。[①] 邹薇通过实证分析认为农民文化程度对经济转型影响较大。[②] 曾艳华还指出,农户自身素质在其运营生计过程中起着决定性的作用。[③]

贫困人口社会资本偏低,同质性强。段世江认为,贫困农村地区的社会资本存量低主要体现在贫困农村社会组织体系的缺位,以及社区居民人际关系简单,并且他认为较低的人口素质制约了社会资本层次的提升。张永祥也认为应该提倡政府的政策和社会资本的结合,以及个人与企业的社会资本相结合来进行反贫困。[④]

面对贫困农村人口的能力贫困,经济方面和物质方面的援助是必要的也是迫切的,但是纯粹的经济和物质上的补贴可能只是暂时帮助农村贫困人口脱贫,只能是"治标不治本",具有决定性意义的则需要以能力建设为政策。

(2)农村贫困人口能力建设的内容研究

农村贫困人口的能力建设的内容及方式,是不少学者争相讨论的话题。具体有以下几个观点。

对农村贫困人口人力资本进行投资与积累。包括义务教育与农民的专

---

① 刘修岩、章元、贺小海:《教育与消除农村贫困:基于上海市农户调查数据的实证研究》,《中国农村经济》2007 年第 10 期。

② 邹薇:《传统农业经济转型的路径选择:对中国农村的能力贫困和转型路径多样性的研究》,《世界经济》2005 年第 2 期。

③ 曾艳华:《农民发展能力的问题与对策》,《经济研究》2006 年第 6 期。

④ 张永祥:《社会资本视角下的中、日、韩三国反贫困研究》,西南财经大学硕士学位论文,2011 年。

业技能培训。方劲认为应保证充足的财政支持才能保证义务教育的实行不会以教育质量的下降为代价。沈茂英则认为应从加大贫困农村推行九年义务教育的力度、发展贫困农村地区的职业技术教育、加强残疾人教育(特殊教育)这几个方面来推进贫困人口自我发展能力建设。① 方黎明、张秀兰提出除了对收入低于低保线的贫困人口进行收入补助以外,也要进行教育专项补助,在对高中教育和大学教育进行补助的基础上,更要加大对农民就业培训方面的支出。②

提升农村贫困人口社会资本。段世江提出重视组织体系的建设,发展适度的人口社区以促进具有社区共同体性质的社会资本的形成,以及发展适度人口社区来培育和增强社会资本。郭利华认为可对一部分有一定生产经营能力及金融需求的贫困人群提供金融扶贫。不过在此之前,应通过教育培训以及金融知识的宣传和普及来提升农村地区人口的金融素养。

也有学者提出为贫困人口直接提供基本公共卫生服务。尹飞霄提到健康与营养对于贫困人口能力的重要意义。③ 宋宪萍提出从帮助贫困农村重建合作医疗体系,转变为直接设立医疗救助基金来补贴贫困人口的各项就医支出。④ 段世江、石春玲认为应该把卫生扶贫置于扶贫规划的突出位置。地方各级政府要从地区的长远发展着眼,意识到卫生工作的重要性,提高农村新合作医疗的保障强度和范围,建立并完善农村医疗救助制度,防止农户因病反贫。⑤

---

① 沈茂英:《试论农村贫困人口自我发展能力建设》《安徽农业科学》2006 年第 10 期。

② 方黎明、张秀兰:《中国农村扶贫的政策效应分析:基于能力贫困理论的考察》,《财经研究》2007 年第 12 期。

③ 尹飞霄:《人力资本与农村贫困研究:理论与实证》,江西财经大学博士学位论文,2013 年。

④ 宋宪萍、张剑军:《基于能力贫困理论的反贫困对策构建》,《海南大学学报(人文社会科学版)》2010 年第 2 期。

⑤ 段世江、石春玲:《"能力贫困"与农村反贫困视角选择》,《河北大学学报(社会科学版)》,2005 年第 1 期。

从宏观层面来说,应加大科技扶贫的力度。宋宪萍提出,在扶贫开发的过程当中,必须将科学技术的推广和应用作为一项重要的内容,以提高科技扶贫水平。将先进实用的科学技术投入养殖、种植以及加工等产业,可通过调动广大科技人员去贫困地区创业的方式来加速科技成果的转化。并且采取措施鼓励民间科研机构、各类科研组织直接加入扶贫项目。各地方政府更要安排分配资金,打造科技扶贫示范基地,充分发挥科学技术在扶贫开发环节当中的带动作用。[①]

2. 国内贫困人口能力建设的研究回顾

随着工业化、城镇化和农业现代化的发展,我国农业、农村发展和扶贫开发需要依靠内源式和依靠科技创新驱动,提高农村生产力和扶贫开发效率需要新型农民,更需要对农民及贫困人口的培训。近年来,围绕"有文化、懂技术、会经营"的理念,国家开展了一系列的增加农民能力的培训项目,如"星火科技培训""劳动力转移就业阳光培训工程""雨露计划"等。对于中国农村地区贫困人口能力建设的研究,最集中的领域为农村劳动力转移培训。根据国家相关部门的文件,农村劳动力转移培训主要是针对非农产业和城镇转移的农村劳动力开展就业前的引导性培训、职业技能培训,对已经转移到非农产业就业的农村劳动力提供技能。

"国家八七扶贫攻坚计划"明确提出了转移就业扶贫的相关举措。在奋斗目标中指出"户均向乡镇企业转移一个劳动力","开展成人职业技术教育和技术培训,使多数青壮年劳力掌握一到两门实用技术"。《中国农村扶贫开发纲要(2001—2010 年)》指出要积极稳妥地扩大贫困地区劳务输出,加强贫困地区劳动力的职业技能培训。《中国农村扶贫开发纲要(2011—2020年)》首次提出以促进就业手段来推进扶贫开发工作,对农村贫困劳动力开展实用技术培训。可见国家对农村转移劳动力培训的大力重视和支持。

---

① 宋宪萍、张剑军:《基于能力贫困理论的反贫困对策构建》,《海南大学学报(人文社会科学版)》2010 年第 2 期。

从理论领域学者们的研究内容来看,主要集中在以下几个层面:关于农村劳动力转移培训的必要性、关于探讨农村劳动力转移培训的模式、关于农村劳动力培训存在的问题的研究以及关于农村劳动力转移培训的对策及发展方向。

(1)必要性研究

农村劳动力转移培训是政府实施精准扶贫政策的需要。通过"授人以渔",帮助贫困人口掌握一技之长,解决贫困人口的就业问题,是实现贫困群众快速脱贫致富的根本之策。《中共中央国务院关于打赢脱贫攻坚战的决定》中提出,要加强技能培训。加大劳务输出培训投入,统筹各类培训资源,以就业为导向,结合贫困人口自身条件,提高培训的针对性和有效性,增强贫困群体的就业能力和劳务水平。[①] 培训是人力资本投资的重要途径。中国乡村教育问题首先被黄炎培意识到并提出,他认为中国走向民主和科学,实现强国梦的必然路径是通过教育来提高农村地区劳动人民的文化知识和内涵。[②] 刘伟认为,目前我国人力资本投入不足,由此导致了农民文化素质偏低,影响了其对先进农业技术的接受能力,农民向第二、三产业转移的机会减少,最终成为农民收入持续增长的障碍。[③] 熊新山指出,农业产业化需要一大批懂技术、会管理的高素质劳动者,可以通过农业教育和农业科研加速农业产业化发展进程,把农业教育与人才培养作为发展农业产业化的基础工作来抓。[④]

农村劳动力转移培训是贫困地区农民自身脱贫致富的需要。在农民的培训需求及培训模式研究的总报告中,分别从"民工荒"、农民增收就业的阶

---

① 陆汉文、黄承伟:《中国精准扶贫发展报告(2016)》,北京:社会科学文献出版社,2016年版,第87-90页。

② 朱启臻:《中国农民职业技术教育研究》,北京:中国农业出版社,2003年版,第42-53页。

③ 刘伟:《新时期人力资源管理的思考》,《新西部》2008年第5期。

④ 熊新山:《培养农民身份的大学生是新时期高等农业教育的重要使命》,《农村经济》2003年第6期。

段性变化以及工业化、城镇化发展的大趋势来分析农民培训的需求和意愿，并对此做了实证分析。① 沈菊英从宏观和微观环境对农村劳动力转移培训的必要性进行了分析，她认为从宏观上来看，中国的工业化、城镇化进程，全面推进小康社会的要求以及农村劳动力就业途径的变化共同要求对农村劳动力进行培训。而从微观角度，贫困地区农民自身脱贫的需求使其对劳动力培训产生渴望。② 大部分的实证研究结果都证实了这一观点。赵延东、王奋宇通过对社会调查数据的分析得出，近五年内接受过培训的农民工比未接受过培训的农民工的收入明显偏高。③ 翁杰、郭天航运用在山东省泰安市制造业、建筑业和服务业就业的农村转移劳动力的调查数据发现，政府为促进农村劳动力的转移应注重制度建设和能力建设。④ 杨晓军对武汉市外来农民工实地调研数据显示，农民工表现出较强的培训意愿，有五分之三的农民工希望接受培训。⑤

（2）模式探讨

以培训的主导模式展开的研究。我国农村劳动力转移培训经历了多年的探索和实践，对于我国农村劳动力转移培训的方式和内容，许多学者都进行了探讨。柯炳生、陈华宁认为应加强农村义务教育和农村精神文明建设，做好农民培训项目，巩固并完善基层农技推广体系，创新工作机制，提高培训绩效，加大农民培训的投入力度，制定以及完善农民培训的相关政策。⑥ 林慧根据近几年全国各地劳动力转移培训现状与有关研究成果归纳总结了

① 农民的培训需求及培训模式研究课题组：《农民的培训需求及培训模式研究总报告》，《经济研究参考》2005 年第 35 期。

② 沈菊英：《农村劳动力转移培训中的政府作用研究》，苏州大学硕士学位论文，2006 年。

③ 赵延东、王奋宇：《城乡流动人口的经济地位获得及决定因素》，《中国人口科学》2002 年第 8 期。

④ 翁杰、郭天航：《中国农村转移劳动力需要什么样的政府培训？基于培训效果的视角》，《中国软科技》2014 年第 4 期。

⑤ 杨晓军：《农民工就业培训的需求分析》，《北方经济》2009 年第 1 期。

⑥ 柯炳生、陈华宁：《对培养新型农民的思考》，《中国党政干部论坛》2006 年第 4 期。

八种模式:灵活学制,城乡联合、东西联合培训;以市场为导向,实行"订单"培训;利用城区、社区教育资源开展培训;长短班结合,开展职前、职后培训;短期适应性培训与技术等级培训相结合;以集中培训与就地培训相结合;滚动式培训班与班级式培训相结合;培训与鉴定,实习与就业相结合。① 柯炳生、姜长云认为可以将我国农民培训模式分为政府主导型和市场主导型培训模式、官办与民办培训模式、体制内培训模式与体制外培训模式。张亮部分赞同柯炳生与姜长云其文的看法,将我国农民培训模式划归为政府主导模式、政企配合类模式和市场运作类模式。政府主导模式主要包括政府工程型、院校培育型、远程教育型、创业扶持型和文化活动型等培训模式;政企配合类则涵盖园区依托型、推广服务型和科研项目型以及科技示范型等培训模式;市场运作类模式则主要是指合作组织型和产业促进型培训模式。刘永泉从培训实施效果与代表性角度出发,提出了联合办学模式、项目带动模式和整体转移模式。② 李湘萍从农民工培训供给的角度,提出了"富平"模式。总的来讲,近年来我国农民培训主要呈现为以下几种模式:以中央有关部门为主导的农民培训活动;龙头企业、农产品行业以及农民专业合作经济组织促成的农民培训;不同类型的培训机构开展的农民培训。

我国不同地区的农民培训模式研究。刘国永根据地区差异性特征总结出了浦东新区的整体转移模式、安徽农科教的统筹模式、北京昌平职业学校的基地模式、山东宁阳县职教中心的网络模式。③ 寿月仙主要从培训投入主体的角度将杭州市农广校培训模式归纳为市场运作模式、公共财政支持模式、企业资助与公共财政补贴模式。④ 刘倩系统分析了陕西省农村劳动力转移与培训的现状,构建了完整的初次转移型农村劳动力培训体系、二次维持

---

① 林慧:《农村劳动力转移培训中的八种模式》,《成人教育》2006 年第 10 期。

② 刘永泉:《中国农村劳动力转移培训研究》,《2007 年中国成人教育协会年会暨第四届会员代表大会论文集》2007 年。

③ 刘国永:《国际农村劳动力转移培训经验及我国实践与政策思考》,《2005 年中国教育经济学年会会议论文》2005 年。

④ 寿月仙:《浅析农村劳动力转移培训模式》,《农民科技培训》2009 年第 7 期。

转移型农村劳动力培训体系以及二次发展转移型农村劳动力培训体系。[①]
蒋寿建对江苏省的新型农民培训工作的研究得出,江苏新型农民的培训应
形成金字塔结构。他根据江苏省农村的区域性特征和发展要求,提供了转
化现实农民、培育潜在农民的思路,并对江苏培育新型农民的动力机制和主
推模式做了比较深入的研究。[②]

（3）存在的问题研究

近些年,在中央和地方财政的支持下,各省市农村劳动力转移培训取得
了丰硕的成果,积攒了丰富的经验,同时也显现出一些问题,不少学者投入
相关问题的探讨中来。

首先,以国家政策、社会环境作为出发点进行的解释。杨兰伟、智建飞
在分析农村劳动力培训面临的障碍时,首先提到,政府对农村劳动力培训的
服务不到位、培训资金不足。[③] 王庆成提到,农村教育水平偏低导致农民的
科学文化素质难以提高。一方面,农民很难有效参与市场竞争,另一方面,
农户在生产投资、开拓新的生产项目上也存在着巨大的障碍。[④] 曹丽娟以山
东省农民科技教育培训为例,说明了农村劳动力培训管理存在地方政府认
识不到位,培训内容针对性不强,培训投入不够以及体系不健全,缺乏有效
的绩效评价等问题,并深层次分析了这些问题存在的原因。[⑤] 李国强通过山
东省农村劳动力转移教育培训的相关数据分析,认为现行的培训管理体制
属于部门办学、部门管理,存在条块分割、各自为政的现象。这种条块分割
的管理体制和办学体制对于调动部门、行业培训的积极性,充分挖掘社会的

① 刘倩:《陕西省农村劳动力转移分类培训研究》,西北农林科技大学博士学位论文,2013年。
② 蒋寿建:《新农村建设应注重培育新型农民》,《唯实》2007年第12期。
③ 杨兰伟、智建飞:《关于农村转移劳动力培训途径及存在的障碍》,《农村经济与科技》2004年第7期。
④ 王庆成:《发挥高职教育在新农村建设中的作用》,《经济研究导刊》2008年第15期。
⑤ 曹丽娟:《农村劳动力培训的政府管理问题初探》,山东大学硕士学位论文,2011年。

培训资源,确实发挥了一定的作用,但是由于缺乏强有力的统筹协调机制,导致有的部门为了追求利益而对培训机构、培训设施和培训队伍进行重复设置,导致培训任务不饱和以及资源的浪费。[①] 赵吉云认为重庆市农村劳动力培训的主要问题在于农民参加培训的比例偏小,主要还是由于培训机构设置过少,转移就业率不高以及就业水平不高。究其原因,是由于政府重视程度不够,管理机制不够完善,机构之间缺乏合作,以及培训管理和评价制度不健全所导致的。[②] 吴国宝认为,贫困地区劳动力转移培训存在一些技术性和制度性问题,如扶贫部门在技术培训、劳动力就业市场和信息方面不具有任何优势,在培训人员和实际就业人数的监测方面,也没有可靠的方法来避免委托或代理部门的舞弊或不当作为。[③]

其次,以农民自身资本作为出发点进行的解释。徐勇、邓大才等从影响农民参与积极性的因素角度认为,农民特征因素的影响很明显。他们认为文化程度的高低、年龄、性别之间的差别对农民参与次数的差异显著,中等文化水平的农民接受培训的比例较高,而初等和高等文化水平的农民接受培训的比例较低,形成了"中间高、两头低"的状况。[④] 朱建明、祝伟倩认为当前我国农民素质偏低,主要体现在受教育程度低,文化素质差,劳动技能偏低,法制意识淡薄。[⑤] 李国强从农民参加教育培训的动力不足、文化基础背景的缺失以及受传统小富即安的观念影响分析了农民自身参加培训效率不高的原因。陈俊峰认为,长期以来农民教育目标和功能偏离最主要的原因

① 李国强:《山东省农村劳动力转移教育培训研究》,中国海洋大学硕士学位论文,2009 年。

② 赵吉云:《重庆市农村剩余劳动力培训质量保障研究》,西南大学硕士学位论文,2008 年。

③ 吴国宝:《扶贫开发重点工作的有效性讨论》,《老区建设》2008 年第 5 期;吴国宝:《我国农村扶贫开发有方式的有效性讨论》,《中国党政干部论坛》2008 年第 5 期。

④ 徐勇:《中国农村咨政报告(2012 年卷)》,北京:中国社会科学出版社,2012 年版,第 181-182 页。

⑤ 朱建明、祝伟倩:《试论职业教育在新农村建设中的作用》,《农业考古》2007 年 6 期。

是农民教育的工具主义取向。① 孟芬兰则认为农民自身素质相对较低,一方面农民理想信念淡化,价值观失衡,另一方面其科技文化素质较低。② 陈华宁认为我国农民培训参与率低不仅受自身文化素质影响,还由于他们不愿意为学习和培训支付太多的费用。③ 杨伟兰认为农民的信息意识薄弱,鉴别能力较弱。④

最后,以培训机构作为出发点进行的解释。刘乾瑜、徐一鸣等人认为当前转移培训已在剩余劳动力中逐渐开展并受到重视,但是存在培训体制不顺、统筹协调不力,培训工作开展不平衡,培训条件和质量普遍较差等问题。⑤ 李国强认为,由于部门所有、条块分割等原因,目前农村剩余劳动力转移教育培训的摊子大、战线长,教育培训投入的社会总量大,但是具体落实到每个教育培训机构的人力物力财力又显得很匮乏。以山东各地开展的农村劳动力转移培训来看,主要以 15~30 天的短期教育培训为主,而少有两个月以上的中长期教育培训。教育培训方式一方面显得很不灵活,另一方面,教育培训信息不足,项目缺乏针对性,对于不同年龄和教育层次以及意愿不同的农民并没有实施分门别类的培训。⑥ 蔡荣生等指出,劳动力培训中专业设置比较理想化、课程技术含量过高,培训效果不够理想。⑦

(4)对策研究

一是政策层面。农村劳动力转移培训是由政府主导、社会参与为主的贫困人口能力建设项目,因此,政府政策层面的建设是保证取得良好培训效

① 陈俊峰、朱启臻:《论农民教育观的变革》,《高等农业教育》2002 年第 9 期。
② 孟兰芬:《新农村建设中的农民素质问题》,《理论与现代化》2006 年第 5 期。
③ 陈华宁:《我国农民科技培训分析》,《农业经济问题》2007 年第 1 期。
④ 杨伟兰:《农业信息对农村转移劳动力培训的影响与对策》,《农业网络信息》2008 年第 6 期。
⑤ 刘乾瑜、徐一鸣、欧本谷、黄晓玲:《中国当前农村剩余劳动力转移培训的现状、问题及对策分析》,《西南师范大学学报(人文社会科学版)》,2002 年第 3 期。
⑥ 李国强:《山东省农村劳动力转移教育培训研究》,中国海洋大学博士学位论文,2009 年。
⑦ 蔡荣生、赵亚平、金驰华:《我国贫困地区劳动力转移培训的现状与对策》,《北京工商大学学报(社会科学版)》2005 年第 6 期。

果的前提。在政府政策方面,许多学者提出了一些针对性建议。徐勇等认为要以人为本,尊重农民意愿和需求,通过对培训对象需求的调查,根据培训对象最关心的需求开展多目标、多类型、多层次、多形式的培训;将农民教育培训列入政府财政预算,加大培训的各项投入和对农民培训的补贴力度,简化补贴程序、完善补贴方式,并在加大政府人力物力投入的同时,引导和鼓励社会力量对农民进行投资培训,由国家统筹,各部门分工协作,建立起由国家到村的六级农民培训体系,实现培训主体的多元化,共同促进农民培训事业发展,以增加农村人力资本的存量;并通过立法的形式保障农民培训,建立农民培训长效机制。[1] 翁杰等人通过对政府部门对农村转移劳动力培训投资现状的调研,认为政府的农村劳动力转移和培训投资政策应同时注重制度建设和能力建设,且提出政府培训的重心对象应该是刚完成义务教育阶段的青年劳动力,而对于政府投资的方式,他则认为应该提供相对完整的职业教育。[2] 郭天航提出政府应该弱化对农村劳动力的短期转移培训,同时强化对刚完成义务教育阶段的青年劳动力的职业教育。[3] 王玉霞结合供给和需求角度对政府支持的农村劳动力转移培训计划的分析结论,提出"三个完善,两个补贴":应该完善三方互动机制的社会伙伴关系;完善激励机制,鼓励企业提供培训;针对农村新成长劳动力,加大教育投入,突出培训的重点,以及完善信息服务,加强培训管理,规范农村劳动力市场的就业环境。创新培训补贴和考核方式,降低培训机构道德风险,以及提高补贴标准,改善补贴方式以提升农民劳动力个人的培训意愿。[4] 曹丽娟提出应在提高农村劳动力培训工作认识的基础上,完善农村劳动力培训政策,并且可以

① 徐勇:《中国农村咨政报告(2012年卷)》,北京:中国社会科学出版社,2012年版,第210-211页。

② 翁杰、郭天航:《中国农村转移劳动力需要什么样的政府培训?——基于培训效果的视角》,《中国软科学》2014年第4期。

③ 郭天航:《政府对农村转移劳动力人力资本投资的效果评估——基于山东省泰安市的实证研究》,浙江工业大学硕士学位论文,2013年10期。

④ 王玉霞:《农村劳动力转移培训的供给和需求研究——基于江苏政府支持的培训机构样本分析》,南京农业大学博士学位论文,2012年。

通过建立政府引导与市场手段相结合的方式完善基层农技推广体系。① 陈都提出可减少各级政府间利益博弈空间,完善各级政府财政协同投入机制。② 李国强提出了六项推进山东省农村劳动力转移教育培训的对策,其中包括深化农村教育改革、理顺培训管理体制、建立健全培训基地、启动培训市场需求、提高培训质量、精心设计培训内容以及完善培训服务体系。③ 王静怡认为政府部门、培训学校、农村剩余劳动力作为影响培训效率的主体,应明确自身的职责。④ 俞贺楠借鉴发达国家政府财政对公共就业服务给予的强力支持,建议可以通过多渠道建立农民工的培训基金,保证农民工的培训工作。⑤

二是技术层面。张亮通过对我国新型农民培训模式的分析,总结出模式赖以生存的经济、文化和资源条件,与当地现代农业发展方向的关联度,以及把新型农民发展需求的满足度作为关键因素。在具体策略上,他进一步提出可根据不同的经济区域、不同的产业领域、不同的培训目标来选择具体的培训模式。⑥ 王静怡提出政府和培训学校可联起手来对培训进行多方优化,如引入竞争和市场化的运作机制,加强对现有培训模式的改造,促进不同培训模式之间的公平竞争,可以促进培训模式的多样化;另外,在培训专业的设置上可以突出特色,结合区域竞争优势来设置培训专业;完善培训的后续跟踪服务,可以对参加培训的农民在其所属的村组建立跟踪档案,跟踪其培训后的效果并及时提出建议,提高培训的师资力量。⑦ 许昆鹏借鉴发

---

① 曹丽娟:《农村劳动力培训的政府管理问题初探》,山东大学硕士学位论文,2011年。
② 陈都:《我国农村剩余劳动力转移培训财政协同机制研究:基于恩施州L县的调研》,中南民族大学硕士学位论文,2012年。
③ 李国强:《山东省农村劳动力转移教育培训研究》,中国海洋大学博士学位论文,2009年。
④ 王静怡:《农村剩余劳动力培训效率研究》,湖南大学硕士学位论文,2007年。
⑤ 俞贺楠:《产业转型升级对我国农村转移劳动力就业的影响及对策研究》,《兰州学刊》2014年第5期。
⑥ 张亮:《我国新型农民培训模式研究》,河北农业大学博士学位论文,2010年。
⑦ 王静怡:《农村剩余劳动力培训效率研究》,湖南大学硕士学位论文,2007年。

达国家经验,富于创新性地提出以培训项目的形式构建个人、企业、政府三方互动的投资机制。[①]

(三)国内外文献研究评述

国内外关于贫困人口能力贫困和能力建设的理论研究指出了贫困的本质是能力贫困,对能力贫困的内涵进行了深入研究,并构建了相应的指标体系,为本研究奠定了很好的理论基础。国外的相关理论中,阿马蒂亚·森的可行能力概念,突破了收入贫困的单一维度,关注人的可行能力,进而影响了世界银行等国际发展组织对贫困概念的扩展,提出人类贫困和多维贫困的概念及指标体系,为研究能力贫困指明了努力方向和可操作化的方法;舒尔茨指出发展中国家农民贫困的原因在于传统农业的均衡性,主张引进新的生产要素和技术要素打破这种均衡状态,就需要对农民进行人力资本投资,为研究贫困人口的能力贫困和能力建设提出了具体的对策。

国内的相关研究基本上基于森的能力贫困理论、联合国开发计划署的多维贫困理论和舒尔茨的人力资本理论,对我国的贫困状况进行测量和实证研究,提出了相应的能力建设对策。在农村劳动力转移培训和农村实用技术培训等实际能力建设项目研究中,研究者分别从政府、培训机构和贫困人口的角度进行了相关的研究,指出了存在的问题。但还存在不足之处和需要进一步研究的地方。

第一,贫困人口能力建设的理论研究不够。已有研究对实际的能力建设项目进行了实证研究,指出了存在的问题,但大多是应用性的研究,如能力建设项目的现状与对策、培训效果及影响因素分析、培训模式及推广、贫困人口的培训意愿及影响因素等,对这些问题的理论思考不够,以至于不能提升贫困人口能力建设结构性困境的理论高度。

[①] 许昆鹏:《农村劳动力转移培训的投资机制研究》,浙江大学博士学位论文,2007年。

第二，缺乏研究贫困人口能力建设困境的综合性视角。现有的研究指出了贫困人口能力贫困是我国农村长期贫困的根本，并提出扶贫开发的重要方向是加强贫困人口的职业技能教育，提升可行能力。贫困人口能力建设涉及政府部门、代理机构和贫困人口等多种利益相关者。但大多把农村劳动力培训效果不够理想的主要原因归结为政府的培训供给缺陷和培训机构执行不力，关注点在培训的体制和机制。从现有研究来看，大多数研究只是从某一个或两个主体视角出发探讨贫困人口能力建设的问题，如或者从贫困人口能力贫困的视角去分析，或者从政府与代理机构的关系去分析，从而不能反映整个能力建设过程中各利益相关者的行为逻辑及相互的影响，极有可能得出片面的结论。因此，需要从更全面、更综合的视角去分析贫困人口能力建设的结构性困境。

第三，虽然现有研究指出了农村劳动力培训中存在的一些问题，但明显的不足是对培训对象所嵌入的农村经济环境关注不够，因为在我国贫困地区普遍存在小农与贫困户交集的现象，越贫困地区，从事纯农业的农户比重越高，利用农业技术的比重越低。因此，贫困人口所在的农村经济环境和产业结构是影响其行为的重要因素。

四、研究方法

本研究属于个案研究法。个案研究就是使用任何合适的方法对一个案例（或者数量较小的几个案例）进行细节性的研究，一般的目标是对那个个案达至尽可能充分的理解。[①] 对于个案研究法来说，可能会遇到研究的案例是否重要、案例太少，能否推论的问题。案例是否重要，希尔弗曼认为很好的回应就是，"什么是重要的，通常都是由当下的潮流决定的；谁知道接下来又有什么会成为重要的呢？看似微小的研究，通过好的分析，也可能呈现出深远的含义"。斯泰克区分了个案研究的三个类型：内在的个案研究、工具

---

① ［英］大卫·希尔弗曼：《如何做质性研究》，李雪、张诚颖译，重庆：重庆大学出版社，2009 年版，第 108 页。

性的个案研究、集合的个案研究。内在的个案研究不试图做出超越个案的概括,也不试图建立理论;工具性的个案研究主要是为了了解某个问题,或者修正一个概括,焦点在问题上;集合的个案研究是为了调查普遍的现象研究许多个案。[①] 从这一划分来看,本研究的个案研究属于工具性的个案研究和集合的个案研究,即选取 3～4 个贫困县或贫困村,深入地了解该个案在贫困人口能力建设中的实际状况,焦点在贫困人口能力建设的结构性困境。但案例是否太少,能否推论总体,希尔弗曼探讨了几种积极的回答,其中两条就是把定性研究和对总体的量化研究结合起来,采取一个假定在所有案例中都存有普遍推论的可能性的模型。对于本研究来说,从文献综述可以看出,贫困人口能力建设的困境在扶贫领域是一个具有普遍性的话题。因此,不论是从总体的特征还是所有的个案,都可能存在能力建设效果不佳的情形,可能都具有类似的结构困境。

本研究是基于具体问题分析的理论建构(科学规律探寻)研究,具体研究以定性分析为主,并辅以少量的定量研究。关于基层政府扶贫部门的委托、监督行为与过程,培训机构的执行行为与过程、贫困人口的主观评价与意愿的研究,以定性分析为主;关于贫困人口能力贫困状况和碎片化的研究,以定量分析为主。

(一)定性研究的方法

1. 深度访谈法

深度访谈法是指访谈围绕一个确定的主题,由访谈人员与访谈对象围绕这个主题进行比较自由地交谈,包括个别访谈和集体访谈两种形式。[②] 深度访谈首先要解决的就是现场的进入问题,笔者的顺利进入得益于原工作

---

① [英]大卫·希尔弗曼:《如何做质性研究》,李雪、张诚颖译,重庆:重庆大学出版社,2009 年版,第 109 页。

② 风笑天:《社会学研究方法》,北京:中国人民大学出版社,2001 年版,第 265-267 页。

单位的同事被选派到 Y 县 W 村①担任驻村第一书记,他与当地的政府扶贫部门领导经常打交道,经他介绍,笔者认识了 Y 县主管扶贫的副县长、扶贫办的主要领导,并经他介绍加入了当地驻村第一书记微信群,他们在微信群经常交流扶贫实践中存在的一些问题,定期举行经验交流会,笔者有幸参加了他们的两次经验交流会,跟他们就当前精准扶贫的相关问题以及本研究的写作主题进行了交流和讨论。他们很支持笔者的调研工作,L 村的调研就是得益于在交流会中跟该村第一书记建立的较好关系,得到了他的大力支持,经过与他们联系便能很好地进入村庄,并参与村庄事务的观察和调研。笔者先后四次赴 W 村、两次赴 L 村进行实地调研,分别是 2015 年 11 月 20 日至 12 月 10 日、2016 年 1 月 12 日至 28 日、2016 年暑假、2016 年 10 月 8 日—20 日、2016 年 12 月 20 日至 2017 年 1 月 10 日。长期的驻村调研经历,笔者已与 W 村、L 村的村"两委"干部和部分农户慢慢建立了很亲密的关系,现在当我出现在这两个村庄的时候,他们已经不再把我当成陌生人了。因此,在调研过程中能够很自然地访谈,并能跟他们就本研究相关的话题进行深入地探讨和交流。笔者在村庄期间,大量收集了这两个村庄农村实用技术培训过程中的第一手材料,为本研究奠定了很好的基础。

笔者的访谈对象主要包括案例县扶贫办主要领导、驻村第一书记、村"两委"干部、贫困户。县扶贫办主要领导对农村实用技术培训的组织、监督和验收过程比较清楚,驻村第一书记和村"两委"干部是农村实用技术培训的组织者和动员者,对培训的组织实施工作较为熟悉。对贫困农户的访谈,笔者尽量对他们进行全面调查和访谈,但由于部分贫困户不在家,故而未做访谈。对县扶贫办领导的访谈内容主要包括农村实用技术培训的整体情况,包括农村实用技术培训项目的申请、委托、监督、检查过程中的相关情况,特别是该县产业发展状况、培训的整体效果、对农村实用技术培训的建议和看法等;对培训机构的访谈主要包括培训的总体效果、主要动机、对贫

---

① 按照学术惯例对该村名进行处理。

困人口的组织动员情况、如何联系农村实际开发培训内容、对贫困人口参与情况、培训效果的评价等;对村"两委"干部的访谈包括村庄的基本情况、农村实用技术培训的组织动员情况、贫困户的参与情况及产业发展的规划等;对贫困人口的访谈主要包括家庭基本情况、农村实用技术培训的了解、参与情况,对实用技术培训的评价、实际需求等。

2."过程—事件分析法"

孙立平认为"过程—事件分析法"就是将所要研究的对象由静态的结构转向由若干事件所构成的动态过程,并将过程看作是一种独立的解释变量,同时将社会事实看作是动态的、流动的,而不是静态的。观察农村社会,需要揭示和解释社会生活中那些"隐秘"的东西,只有在"有事情的时候",真正的社会关系和实践逻辑才能充分展示出来,才能将"支配的微观结构加以理论化"。[1]本研究采用"过程—事件分析法"主要由于农村实用技术培训参与的主体有基层政府、培训机构、贫困村和贫困户,从培训的准备、委托、监督、执行、验收整个过程中各主体都会参与其中,通过对培训过程的全景式的呈现,就能展现整个事件的来龙去脉,能够对基层政府与培训机构的委托代理、培训机构的执行行为、贫困人口的参与等过程和行为逻辑进行较为准确的把握。

(二)定量研究的数据与分析方法

本研究拟用定量数据以贫困人口问卷调查、贫困县农村实用技术培训数据档案为主体,以有关贫困人口公开出版数据为补充。贫困人口的问卷调查数据主要包括性别、年龄、家庭人口、致贫原因、家庭收入、农业结构、培训的满意度、需求等,贫困县实用技术培训的档案数据,有贫困人口基本情况、培训内容、数量、资金等;公开出版的数据能够反映全国贫困人口的能力

---

① 清华大学社会学系:《清华社会学评论特辑》,鹭江:鹭江出版社,2000年版,第1页。

贫困状况。这两种数据可以相互印证、相互补充。定量数据拟运用 SPSS 软件进行统计分析,利用描述分析等技术揭示贫困人口能力贫困的状况,主要变量有文化程度、年龄、致贫原因、产业结构、认知状况、满意度等。

五、研究思路与研究内容

(一)研究思路

本研究从我国扶贫开发取得的成就与贫困人口能力建设的背景出发,指出能力建设是贫困人口脱贫致富的根本。以豫西 4 个国家级贫困县农村实用技术培训的案例为基础,提出贫困人口能力建设的项目普遍存在"有用无效"的问题。由于农村实用技术培训是由政府主导、社会参与的能力建设项目,在实践中采取政府购买公共服务的方式,因此,本研究以政府购买公共服务的基本理论为理论基础,借鉴政府购买公共服务中委托者、代理者和客户的主体关系框架,以及项目影响评估的逻辑分析框架建立起本研究的理论分析框架。主体部分从政府、培训机构和贫困人口相互关系的角度分析政府和培训机构的行为目标和逻辑,贫困人口自身的能力构成和所嵌入的经济环境对能力建设项目的影响,并按照项目的投入、活动、产出和效果的逻辑,分析农村实用技术培训中各种投入给贫困人口脱贫效果带来的影响。最后,给出本研究的结论,并对贫困人口能力建设的基本方向进行相关的理论讨论,如下图所示。

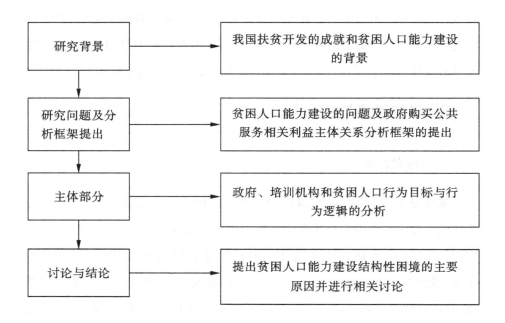

（二）研究内容

本研究分为四大部分,具体包括六章内容。

第一部分是导言。首先介绍了本研究的研究背景、缘起和意义,提出研究问题。然后对国内外相关文献进行评述。最后介绍了本研究的研究方法、核心概念和研究框架。

第二部分为第一章,从我国贫困人口能力建设的背景出发,介绍我国贫困人口能力建设的主要措施和机制体制,并对豫西 Y 县农村实用技术培训"有用无效"的现象和问题进行简单介绍,为后面的理论分析奠定基础;借鉴政府购买公共服务中相关利益主体关系的理论和贫困影响评价的逻辑分析框架,根据政府购买公共服务过程中政府、代理者和顾客的相互关系,构建了本研究的结构性分析框架。

第三部分主要集中在第二、三、四章。其中,第二章从基层政府的角度分析政府扶贫部门在购买服务中的委托、监督、验收行为和逻辑;第三章从代理者的角度分析培训机构与基层政府的关系,考察其如何动员贫困人口参与培训,如何开发培训内容以满足贫困人口的需求,并接受政府的监督,从而展现培训机构的行为逻辑;第四章从贫困人口的角度分析贫困人口的能力贫困和传统农业生产方式的碎片化对农村实用技术培训的影响,重点指出传统农业生产方式的碎片化是导致贫困人口能力建设"有用无效"现象产生的根本原因。

第四部分是结论与讨论部分,为第五章。通过对本研究的总结,提出解决贫困人口能力建设结构性困境的理论思路。

第一章 贫困人口能力建设的问题及分析框架的提出

一、我国贫困人口能力建设的宏观背景与政策

自 20 世纪 70 年代末期以来,我国农村减贫取得了举世瞩目的成就,按照中国当时的贫困标准,农村绝对贫困人口由 1978 年的 2.5 亿下降到 2005 年的 2 365 万人,贫困发生率从 30.7% 下降到 2.5%。[①] 后来多次调整扶贫标准,特别是 2001 年和 2010 年国家两次大幅度调整,将扶贫标准提高到年人均纯收入 872 元和 2 536 元,贫困人口也相应增加,2011 年的贫困人口为 1.22 亿人。"十二五"期间,我国农村贫困人口由 1.22 亿减少到 5 575 万人,7 000 多万贫困人口实现脱贫。

中国农村的反贫困历程,同时也是中国现代化的过程。中国农村反贫困取得的成就呈现出与经济、社会发展相一致的趋势,并表现出明显的阶段性特征。如果把新中国成立以来我国的扶贫历程做一个阶段划分的话,大体可以划分为 4 个阶段:1949—1977 年计划经济体制下的广义扶贫、1978—1985 年制度变革作用下的大规模缓解贫困、1986—2000 年高速经济增长背景下的开发式扶贫、2000 年以来的新世纪初扶贫开发。新中国成立初到改革开放之前主要是以恢复国民经济为目标的经济政策,其结果是消除了极端贫困;制度性变革作用下的大规模贫困人口减少主要依靠的是以家庭承包经营为主的农村改革,极大地提高了农民的生产积极性和增强了农业生

---

① 张磊:《中国扶贫开发政策演变:1949—2005》,北京:中国财政经济出版社,2012 年版,第 1 页。

产效率;在高速的经济增长和农村扶贫开发政策及专项扶贫计划的共同作用下,农村贫困问题得到极大的缓解;进入21世纪,制度变革、经济增长和开发式扶贫政策的边际效益越来越小,农村贫困人口减少的速度越来越慢,也逐渐暴露出我国开发式扶贫政策的弊端,即经济增长的"涓滴效应"减少,扶贫政策的边际效应减少,扶贫实践中多物质扶贫,而缺乏贫困人口能力建设的扶贫措施。

2003年以来,我国在农村和扶贫领域实施了劳动力转移培训和农村实用技术培训,加大农村劳动力转移力度和贫困人口的科技素质的提高。2005年,中共十六届五中全会提出建设社会主义新农村的重大历史任务和发展科技教育、壮大人才队伍,加强人力资源能力建设,实施人才培养工程,加强专业技术人才队伍建设,抓紧培养专业化高技能人才和农村实用人才。[①]《中国农村扶贫开发纲要(2011—2020年)》提出提高农村实用技术和劳动力转移培训水平。经过多年的扶贫开发实践和农村劳动力转移就业培训实践证明,通过扶持、引导和培训,通过各种培训途径和形式提高贫困人口素质,增强其就业、创业能力和劳动技能,是加快贫困地区农民脱贫致富步伐的有效途径。

(一)劳动力转移培训

劳动力转移培训主要在国务院扶贫办、农业部等部门的牵头下组织实施。国务院扶贫办组织实施的劳动力转移主要依托"雨露计划"项目开展,而农业部牵头实施的农村劳动力转移培训主要依托"阳光工程"项目开展。

"雨露计划"是以提高扶贫对象自我发展能力、促进就业为核心,以政府财政扶贫资金扶持为主、动员社会力量参与,通过资助、引导农村贫困家庭劳动力接受中等职业(技术)教育、劳动力转移培训、农村实用技术培训、培养贫困村产业发展带头人等途径,扶持和帮助贫困人口增加就业发展机会

---

① 中国新闻网:《中国共产党十六届五中全会会议公报》(2005年10月11日),http://www.chinanews.com/news/2005/2005-10-11/8/636475.shtml。

和提高劳动收入的专项扶贫措施。"雨露计划"是目前各项扶贫措施中,直接面向扶贫对象"直补到户、专项到任"的扶贫措施。目前,"雨露计划"主要包括四大工程:农村贫困家庭新成长劳动力职业教育培训助学工程、贫困家庭青壮年劳动力转移就业培训工程、贫困家庭劳动力扶贫产业发展技能提升工程、贫困村产业发展带头人培养工程等。[①]

随着宏观经济结构的变化,我国劳动力市场供需结构也发生了结构性的变化。一方面制造业发达的地区劳动力需求巨大,技能型人才资源短缺;另一方面中西部地区的剩余劳动力文化程度低,没有经过任何技能培训,转移就业困难。国务院扶贫办决定将贫困地区劳动力转移就业作为扶贫开发的重要途径和工作重点。2004 年,国务院扶贫办发布《关于加强贫困地区劳动力转移培训工作的通知》,正式开始劳动力转移培训工作。培训对象主要是优先安排人均纯收入低于贫困线的贫困农民、需要异地搬迁的农民和有一定文化程度的农民。有计划地在每个重点贫困村培养 1~2 名劳务输出的带头人,发挥示范带动作用。培训工作通过建立和认定培训转移示范基地,加强对培训基地的管理,对贫困地区的劳动力进行有计划的培训。2004 年国务院扶贫办在 11 个省分别建立了贫困地区劳动力转移培训示范基地,基本任务是每年培训贫困地区劳动力 15 000 人次左右,中西部地区每个示范基地培训转移劳动力不少于 1 500 人次,东部地区每个示范基地培训转移劳动力不少于 800 人次。培训方式以订单培训为主,内容以适应就业市场尤其是用人单位的实际需求,符合贫困人口的实际情况,重点培训家政、餐饮、保安、酒店、建筑、园林绿化、制造、电子装配等用工量大的行业所需的基本技能,培训以中短期为主,时间一般在 1~6 个月。[②]

农村劳动力转移培训阳光工程是由政府公共财政支持,主要在粮食主产区、劳动力主要输出地区、贫困地区和革命老区将农村剩余劳动力转移到

---

① http://www.yulujihua.com/index.jsp。
② 张磊:《中国扶贫开发政策演变:1949—2005》,北京:中国财政经济出版社,2012 年版,第 182-184 页。

非农领域就业前的职业技能培训项目。按照"政府推动、学校主办、部门监管、农民受益"的原则组织实施,旨在提高农村转移劳动力的文化素质和就业技能,促进农村转移劳动力向非农领域和城镇转移,实现稳定就业和增加农民收入。2004 年,首先在河南等 26 省区和黑龙江农垦总局、新疆生产建设兵团实施;2004—2005 年主要为探索培训工作机制,为大规模开展培训奠定基础阶段;2006—2010 年,在全国大规模开展职业技能培训,建立健全农村劳动力转移培训机制,加大农村人力资源开发力度,每年培训农村劳动力 600 万人,5 年共计培训 3 000 万人;2010 年之后把农村劳动力转移培训纳入国民教育体系,扩大培训规模,提高培训层次。①

阳光工程培训项目以短期职业技能培训为重点,培训时间为 15～90 天。职业技能培训以定点和定向培训为主,根据国家职业标准和就业岗位的要求安排培训内容和设置培训课程。培训重点是家政服务、餐饮、酒店、保健、建筑、制造等用工量大的行业的职业技能。

(二)农村实用技术培训

为了统筹城乡经济社会发展,建设现代农业,促进贫困地区农业产业发展,提高农村劳动力科技文化素质,运用科学技术,增加贫困人口收入,国务院扶贫办依托"雨露计划"项目、教育部依托职业教育和成人教育、农业部依托"阳光培训"工程,在全国范围内开展了不同类型的农村实用技术培训。

国务院扶贫办依托"雨露计划"项目中的农村实用技术培训,对建档立卡贫困户中有劳动能力的劳动力开展农村实用技术培训,提高贫困人口的科技素质,以促进贫困村产业发展。教育部通过动员组织农村各级各类学校,特别是职业学校和成人学校,在开展劳动力转移培训的同时,对在农村的劳动力开展适合当地生产需求的实用技术培训,促进农村劳动力素质的普遍提高。2005—2007 年全国农村实用技术培训人数逐年增长 1 500 万人

---

① 《教育部关于实施农村实用技术培训计划的意见》(教职成〔2005〕2 号),http://www.hvae.com。

以上,农民培训率逐年增长 5 个百分点以上,到 2007 年农村劳动力实用技术培训人数达到 1 亿人次,农村劳动力年培训率达到 35% 以上,每个农户有一个劳动力通过培训掌握 1～2 项实用技术,农民家庭人均收入有明显提高,促进贫困农户摆脱贫困。① 农业部依托"阳光工程"开展的农村劳动力培训的目的是培养一支结构合理、数量充足、素质优良的现代农业劳动者队伍,强化现代农业发展和新农村建设的人才支撑,着力加强务农农民从业技能和综合素质培训,以种养大户、家庭农场、农民专业合作组织、农业社会化服务体系的骨干农民为重点对象,主要以农业专项技术培训、农业职业技能培训和农业创业培训为主。2013 年开始,"阳光工程"示范性培训项目"突出为产业发展服务,向培育新型职业农民倾斜,加强与农业项目对接,按照有关农业项目实施方向、重点区域和产业布局规划确定培训对象和分解培训任务"。② 可以看出,不同部门的培训对象和侧重点各有不同,但是都是为了提高在乡农村劳动力和贫困人口的科技文化素质,提高农业发展水平,增加农民收入。

二、我国贫困人口能力建设的体制机制

(一)我国贫困人口能力建设的体制机制

农村实用技术培训是"雨露计划"的主要组成部分,并且"雨露计划"是由原先开展的农民实用技术发展而来,是由国务院扶贫办主导推进、社会参与为特色的政府扶贫项目,旨在通过农村实用技术培训提升贫困人口的产业发展技能,促进贫困人口发展产业,实现脱贫致富。1984 年,国务院贫困地区经济开发领导小组第一次会议强调贫困地区扶贫开发的核心是人的智

---

① 《教育部关于实施农村实用技术培训计划的意见》(教职成〔2005〕2 号),http://www.hvae.com。
② 《农业部办公厅 财政部办公厅关于印发〈2013 年农村劳动力培训阳光工程项目实施指导意见〉的通知》(农〔2013〕36 号),《中华人民共和国农业部公报》,2013 年 5 月 20 日。

力开发,提出要在贫困地区开展农民实用性专业技术培训,提高增收技能,掌握依靠自身摆脱贫困、走向脱贫致富的真本领。[①] 1987 年,国务院在《关于加强贫困地区经济开发工作的通知》中强调贫困地区有计划地开展对农民的实用技术培训是提高农民素质的重要途径。1991 年、1994、1996 年国务院多次提出扩大农业实用技术培训的规模、开展成人职业技术教育和技术培训,采取多种形式,多农民进行实用技术培训,让贫困人口掌握一至两门实用技术。[②]

进入新世纪,由于经济社会的发展、城市用工结构的变化和农村流动人口的增多,农民培训主要以劳动力转移培训为主。2005 年,国务院扶贫办总结了全国贫困地区劳动力转移培训的经验,首次提出实施"雨露计划"的构想,2006 年在北京召开"雨露计划"启动仪式,2007 年国务院扶贫办颁发的《关于在贫困地区实施"雨露计划"的意见》对"雨露计划"的培训内容和重点做了界定,包括贫困青壮年劳动力和退役士兵的转移就业技能培训、贫困村村干部和致富骨干的创业培训、贫困家庭务农劳动力的农业实用技术培训,"雨露计划"在全国开始全面实施。

农村实用技术培训和劳动力转移培训的组织实施情况是相似的,由各级扶贫部门公开认定培训基地,各级政府组织培训对象的招生,由培训基地开展专业培训。农村实用技术培训由省级扶贫部门根据本省实际需要编制年度培训计划、安排年度资金预算,做好组织实施工作。然后把本省培训计划分解、下达至地方扶贫部门,市县扶贫部门具体负责实施。

"雨露计划"培训以现有的教育培训机构为主体,各级扶贫部门通过公开、公正、市场化的原则择优选择培训机构,并与教育培训机构签订培训协议,建立培训基地,并对培训基地的基本信息对社会公开,接受社会的监督。

---

① 国务院贫困地区经济开发领导小组:《第一次全体会议纪要》,《中华人民共和国国务院公报》1986 年第 16 期,转引自王金艳:《雨露计划扶贫培训探析》,《理论学刊》2015 年第 8 期。

② 王金艳:《雨露计划扶贫培训探析》,《理论学刊》2015 年第 8 期。

扶贫部门对培训基地具有直接监管和管理的责任,对培训任务、专业、时间、质量、资金使用及补助范围做出明确的规定,每年对培训基地进行考核,对不积极的培训、质量不高的基地取消其资格。据统计,2004 年至 2009 年,国务院扶贫办在全国范围内认定了 31 个"雨露计划"示范培训基地,各省扶贫办认定了 600 个省级"雨露计划"培训基地,各贫困县认定了 1 700 余个县级"雨露计划"培训基地,形成了不同层级的、覆盖全国贫困地区的培训机构体系。[①]

(二)豫西 4 个贫困县农村实用技术培训的开展情况

笔者于 2016 年 8 月 7 日至 8 月 15 日、10 月 8 日至 15 日、2016 年 12 月 20 日至 2017 年 1 月 10 日,分别对豫西 4 个国家级贫困县农村实用技术培训的情况开展了调研,收集了该县 2013—2016 年农村实用技术培训的基本资料,并重点对 Y 县农村实用技术培训的开展情况进行了重点调研。

1.培训基地建设

培训基地是农村实用技术培训任务的主要承担者,河南省从 2011 年开始每 1～2 年评定一次"雨露计划"培训基地,包括省级、市级和县级。笔者调研的豫西 4 个国家级贫困县都建有"雨露计划"培训基地,除了 Y 县和 S 县分别建有一所省级"雨露计划"培训基地以外,其他的均为县级培训基地,如表 1-1 所示。

---

① 王金艳:《雨露计划扶贫培训探析》,《理论学刊》2015 年第 8 期。

表1-1 豫西4个国家级贫困县"雨露计划"培训基地一览表

	2013年度	2014年度	2015年度	2016年度
Y县	Y县职业教育中心（县级）	Y县职业教育中心（省级）	Y县职业教育中心（省级）	Y县职业教育中心（省级）
	Y县技工学校（县级）	Y县技工学校（县级）	Y县技工学校（县级）	Y县技工学校（县级）
L县	L县中等职业学校（县级）	L县中等职业学校（县级）	L县中等职业学校（县级）	L县中等职业学校（县级）
	－	－	－	L县CR职业技术培训学校（未定级）
R县	R县LT培训学校（县级）	R县LT培训学校（县级）	R县LT培训学校（县级）	R县LT培训学校（县级）
	R县信息技术中等专业学校（县级）	R县信息技术中等专业学校（县级）	R县信息技术中等专业学校（县级）	R县信息技术中等专业学校（县级）
S县	S县中等专业学校（省级）	S县中等专业学校（省级）	S县中等专业学校（省级）	S县中等专业学校（省级）
	S县教师进修学校（县级）	S县教师进修学校（县级）	S县教师进修学校（县级）	S县教师进修学校（县级）
	L市CL中等专业学校（县级）	L市CL中等专业学校（县级）	L市CL中等专业学校（县级）	L市CL中等专业学校（县级）

2. 培训任务

"雨露计划"的任务由省级扶贫部门编制规划,下达至市县两级扶贫部门,然后由县级扶贫部门具体负责实施。从调研的4个县的情况来看,县级扶贫部门一般都会根据培训基地的办学实力、师资力量、承担的其他培训任务来分解农村实用技术培训的任务。由于2015年以前,"雨露计划"中实施的有"金蓝领"职业教育助学工程,因此,2015年以前各培训基地承担的农村实用技术培训的任务有所差异。但是自2015年取消"雨露计划·金蓝领"职业教育助学工程之后,如果学校的实力差别不大,县级扶贫部门都会把农村实用技术培训的任务平均分配给各培训基地。如 Y 县 2015 年和 2016 年农村实用技术培训的任务为 1 500 人，Y 县职业教育中心和技工学校分别承担 800 人、700 人的培训任务。N 县的情况与 Y 县基本类似。L 县 CR 职业技术培训学校还未定级，2016 年才开始承担农村实用技术培训的任务，因此，培训的任务稍少一些。S 县的培训学校由于实力和办学规模差别较大，承担的任务差异也相应较大。具体如表 1-2 表示。

表 1-2　2013—2016 年豫西 4 个贫困县农村实用技术培训实际完成任务一览表

（单位：人）

县	培训基地名称	2013 年度	2014 年度	2015 年度	2016 年度
Y 县	Y 县职业教育中心	632	1 060	624	128
	Y 县技工学校	1 318	700	619	281
L 县	L 县中等职业学校	226	334	1 300	1 000
	L 县 CR 职业技术培训学校	–	–	–	775
N 县	N 县 LT 培训学校	225	700	377	600
	N 县信息技术中等专业学校	–	200	350	600
S 县	S 县中等专业学校	230	1 000	1 000	800
	S 县教师进修学校	152	334	334	200
	L 市 CL 中等专业学	–	334	334	1 200

注：Y 县 2015 年农村实用技术下达任务为 1 500 人，建档立卡"回头看"后，各培训基地实际未完成当年的培训任务；2016 年下半年由于各种原因，停止了农村实用技术培训的工作，因此以实际培训人数统计。

3. 培训经费

农村实用技术培训的经费是由中央和省级扶贫专项资金支付，2015 年之前还未实施精准扶贫，都是由省级扶贫部门下达培训任务和拨付相应的培训经费。从表 1-3 来看，各县的投入经费差异较大。2015 年之后，随着精准扶贫的实施,省级不再每个年初提出和下达年度"雨露计划"培训工作目标任务,由各县根据省下达的脱贫目标任务、扶贫资金数量和本地能够参加"雨露计划"培训的潜在学员数量等因素提出本县年度的"雨露计划"培训任务,这一任务即该县的本年度"雨露计划"工作目标任务。[①] 因此,4 个贫困县 2015 年前后农村实用技术培训的投入经费是随着本年度的脱贫任务而分配的,差异性较大,但是总体上来说,除了 Y 县之外基本呈增加的态势。

表 1-3　Y 县 2013—2016 年农村实用技术培训实际投入一览表

(单位:万元)

县	2013 年度	2014 年度	2015 年度	2016 年度
Y 县	116.98	105.6	83.34	12.87
L 县	13.6	20	65	106.5
N 县	13.5	54	43.6	72
S 县	30.9	100	100	132

注:Y 县 2016 年下半年由于各种原因,停止了农村实用技术培训的工作,因此以实际投入统计。

4. 培训内容

《L 市 2015 年雨露计划培训工作方案》指出,农村实用技术培训的对象是贫困村中的农村劳动力,重点围绕有整村推进、异地搬迁、到户增收、科技扶贫等项目任务的贫困村和省、市、县扶贫定点帮扶村。农村实用技术培训的主要内容是围绕贫困村所在地的支柱产业或主导产业开展"一村一品""一户一业"的产业实用技术培训,增加贫困农民的收入。重点选择规模化养殖、高校种植、特色农业、农产品加工等经济效益高、增收潜力大,有利于规模化经营的产业或专业。从调研的 4 个贫困村的农村实用技术培训的内容来看,2016 年 L 县和 N 县开展的培训内容侧重于特色产业的发展,培训内容较为丰富(表 1-4)。

---

① 《L 市 2015 年雨露计划培训工作方案》(内部资料)。

表1-4　2016年豫西4个贫困县农村实用技术培训内容一览表

县	培训基地名称	农村实用技术培训内容
Y县	Y县职业教育中心	现代种植(小麦、玉米、香花辣椒)
	Y县技工学校	现代种植
L县	L县中等职业学校	中草药种植、家畜养殖、农家乐经营与管理、电子缝纫、烟叶技术、烹饪技术、果树栽培、
	L县CR职业技术培训学校	中草药种植、家畜养殖、
N县	N县LT培训学校	养牛、香菇种植、小麦高产技术、长毛兔养殖技术、烟草种植、连翘种植、苹果高产技术
	N县信息技术中等专业学校	肉牛养殖、核桃、沙梨王种植技术、生猪养殖、花椒种植技术、中草药种植技术、甘薯高产栽培技术、肉蛋鸡饲养技术
S县	S县中等专业学校	现代养殖
	S县教师进修学校	养殖
	L市CL中等专业学	果树管理、黄牛养殖、家庭养殖、中药材种植、畜禽养殖、农业种植、蔬菜种植

三、"有用无效":贫困人口能力建设问题的表现

(一)"有用":Y县农村实用技术培训效果的个案分析

为了了解农村实用技术培训的实际效果,笔者于2016年8月7日至8月15日、10月8日至15日在豫西一个国家级贫困县(Y县)选取了2015年开展农村实用技术培训(第7期)的W村和2016年开展的最近一期(第3期)的L村,对这两个村农村实用技术培训的组织实施过程和培训效果进行了实地调研和分析。调查对象包括Y县主管"雨露计划"的扶贫办官员、承担农村实用技术培训的学校负责人及培训教师、接受培训的贫困村(L村、W村)村"两委干部"和贫困户。L村参加农村实用技术培训的贫困人口为42人,实际调查34人(调查期间其余8人不在本村),W村参加农村实用技术培训的贫困人口为16人,实际调查14人(其他2人为同一家庭成员)。由

于 Y 县农村实用技术培训的组织实施过程和效果将在第五章重点分析,在此只做简单的介绍,以提出本研究贫困人口能力建设"有用无效"的研究现象和研究问题。

1. Y 县农村实用技术培训的组织实施过程

Y 县扶贫办把农村实用技术培训任务直接委托给该县两个"雨露计划"培训基地,扶贫办对两所学校只分配培训名额,不指定培训对象及贫困村,要求两所学校完成相应数量的培训任务。为此,培训学校需要深入农村,联系贫困村,征求贫困村村干部和部分贫困户的意见,积极动员贫困户参与培训。县扶贫办下达培训任务后,培训学校就组织相关人员到该村与村干部沟通,根据村干部了解到的贫困户培训意愿形成初步的培训方案和培训内容,报县扶贫办审核后组织开展具体培训工作。实际培训中,由于前期联系贫困村时培训学校主要与村干部沟通培训内容,与贫困户的沟通不够,在第一天培训时征求了参加培训的贫困户意见后,培训学校根据农户的大致意见,临时调整了培训内容。L 村和 W 村培训内容的调整幅度较大。

2. L 村和 W 村农村实用技术培训的实用性

贫困人口是精准扶贫的对象,是农村实用技术培训的接受者。农村实用技术培训的实际效果应该以贫困人口对实用技术培训的实用性评价、满意度和最终能力提升为判断标准。培训机构调整培训内容后的农村实用技术培训的实用性怎样?贫困人口对农村实用技术培训的满意度又如何呢?

由于农业环节的复杂性和贫困人口能力提升效果难以观察,那么,在无法观察培训活动与种养业能力提升直接关系的情况下,农户对培训内容的评价可以看作是培训实用性的关键指标。总体来讲,L 村的被访者中认为培训内容很实用、比较实用的人数比例分别为 64.7%、11.8%,认为培训内容实用性一般的人数比例为 23.5%,即大多数人给予了肯定。W 村的被访者中认为培训内容很实用、比较实用的人数比例分别为 85.7%、14.3%,即完全给予了肯定。而且,贫困人口对农村实用技术培训的满意度也比较高,L 村 88.2% 的人对培训表示满意,W 村 85.7% 的人对培训表示满意,而且大多数贫困户表示的确掌握了大部分实用技术。

(二)"无效":Y县农村实用技术培训的实际效果

从表1-2和1-3可以看出,Y县2015年的农村实用技术培训的任务是1 500人,而实际完成1 234人,并未完成预定的任务,2016年上半年培训结束后,暂停了农村实用技术培训的工作。Y县职教中心"雨露计划"培训的负责人TZY和班主任TJK也做出了相应的解释:

> (2015年)总共给了800人,我们没有完成任务,是系统比去年来说要求要精准了,原来那个系统它可能跟这个实际情况有点出入,比如原来我培训的是,但是系统认定的结果为不是,确认为不是。到年底,培训是培训了2 000多人,但是因为去年的系统调整得非常厉害,开始(认定了)900多人,系统(最后)认定的是624人,等于是去年没有完成任务。(访谈记录:TZY-20160810)

> 我们去的时候要给村里通知,培训要让村里面都知道,然后是村里组织、通知人去的,去组织的时候人还是比较多的,到后来又组织了一次,人数最后是确定了。我们是4月份组织了一回,但是扶贫系统5月份改动了,等于是5月份才确定,开始确定了五六十户,后来一查确定了几十户,几十户中它还存在这种情况,他(贫困户)参加中途不参加了,不去了,那不能给他算,是吧!他来听听不想听就走了,那不能算,这也符合人家(扶贫办)的规定。这个上级领导部门也来检查,检查是很严的。这培训不是说我学校的一个事,你要知道培训的这个过程是你不能说它好,但肯定也有优点,也不能说它差,肯定也有缺点,习主席过年的时候还讲了,几千万贫困户让他都睡不着。我们这边不差也不好,但总体上来说效果不好。(访谈记录:TJK-20160809)

访谈发现,Y县农村实用技术培训暂停的直接原因是培训对象不精准。从实际调研的情况来看,基层扶贫部门在一定程度上承认农村实用技术培训效果不佳,培训机构碍于扶贫是政治工作,虽然不愿意说出培训中的具体问题,但也承认培训整体上的实际效果并不是很好。Y县扶贫办主任 XLB 是这样认为的:

> 农村实用技术培训弄了这么多年,我认为效果并不明显。作为扶贫工作的一项常规工作,以前没有精准扶贫,就那样一直在弄着,说实在的没啥效果。我一直在思考这个问题,培训时间短、农民文化水平低,你能培训出啥效果来?(2016年)下半年的培训我就把它给直接给叫停了。但是接下来这个工作还是要弄,怎么弄?我还没有想出更好的办法,原来的那种做法肯定是不行的。(访谈记录:XLB-20170106)

Y县在实际中的确存在培训效果不佳的问题。那么,Y县农村实用技术效果不明显是不是一个个案呢?能否代表整体的情况呢?笔者又对农村实用技术培训开展的比较好的 N县进行了调研和访谈,从访谈中得知,农村实用技术培训效果不明显是一个普遍存在的问题。笔者对 N县主管"雨露计划"培训工作的培训科科长 FSH 进行了访谈,他对农村实用技术培训的效果是这样认为的:

> 培训效果,我们没有这方面考核,一是培训制度上,一天两次签到,根据签到人数发放补助;二是在培训效果上,群众说一句话,群众说效果真是好,那好到哪儿?我以前到 L市卖红薯没人要,长得不正格,整体长得不好看。去年办过班之后知道了红薯长得好看,主要是地要弄好。从事农业就是这,你地整不好,样子不好就不好卖,从育苗到病虫害到样子,我的卖完了,他们卖不完,我认为

这就是效果。

但是效果考核这一块没法去考核、衡量,我们就是下乡的时候问问,抽查抽查,问问村干部觉得效果咋样。实话实说,咱都没有这样做,省市到全国它都没有这样的考核,没有这一项指标。比如说今年讲讲苹果种植,明年才能看到你这样做的效果咋样,明年谁能顾着这事。再比如说讲养猪、养牛,6 天时间会有多大的收益,6 天学习时间学习之后只能是脑子里面慢慢消化,观念上会有所变化,但效果上真是没法说,你只能听群众说。我们只能是开班的时候给讲讲,给你发个本和笔,最起码你要把大标题给记住,中间检查一下,最后来考试。比如说小麦种植,你别说 6 天,1 个月都不一定有效果,其中 3 天还是实践,你想想不可能有啥效果。实用技术培训这事啊,叫我说都没法说,效果都不是很明显,农民喜欢都还愿意(让)办,这样的班,但是你说效果,效果就是没有。

这活儿(农村实用技术培训)都没法说,你下去一看都知道了,我觉得扶贫资金好多都是浪费了。我去其他县看了实用技术培训的班,都是这样,还不如我们办的,我觉得发展产业,你给修条路。农村实用技术培训时间太长也不行,老百姓农忙,人都不好组织,我们一般都是推到 10 月份之后才开始,那时候打工的人都回来一部分,但是打工的那些人又用不上,年轻人回来他都不会坐那听这,年轻人出去(打工)他都看不上那点儿地,现在出去挣钱还是容易一些,咋着一个月也能挣三四千块钱。你到村里面看一下你就知道农村实用技术培训的效果到底咋样,村里面的人种地用心不用心,养殖业这一块你看看有没有养殖的,他们都不干这,你说效果能好到哪?原来的科技特派员还是比较好,有几家成规模的养殖的,随时有事了你就可以找他,防疫站是免费的,谁家看病就去看了。

2017 年农村实用技术培训的事情,叫我个人认为就不好弄。

近几年培训过的人不能再参加了,贫困户我就这些,老百姓想咋说就咋说,这一块我们很头疼,他(老百姓)就是不跟你配合,有些人他自己签的名,他还说没有去。这事谁还想干,不干还好,干了惹麻烦。(访谈记录:FSH-20170104)

在笔者调研的 Y 县 W 村,2015 年(第 7 期)开展了农村实用技术培训,培训内容为现代种植(红薯种植和西红柿种植)技术,笔者对该村驻村第一书记进行了访谈,他对农村实用技术培训的看法是这样的:

原来弄的农村实用技术培训根本就没有一点效果,老百姓该种啥还是啥,就几天时间会改变啥,有些技术需要在实践中种植养殖才能见效。我们建大棚的时候,都是乡里聘请的技术员,范师傅,山东人,60 多岁了,种了一辈子西红柿,现在镇里每年 10 万元高薪聘请他指导全镇的大棚建设。从大棚建设、西红柿育苗、病虫害防治他都亲自来指导,随叫随到,效果很好,我们村每亩大棚两季至少可以挣 1 万元,老百姓脱贫没有一点问题。(访谈记录:LYL-20161012)

从以上的分析可以看出,一方面,贫困人口对农村实用技术培训的实用性和满意度的评价较高,大都表示比较实用,并对培训效果表示满意;另一方面,由于农村实用技术培训的效果不明显,Y 县扶贫部门直接叫停了农村实用技术培训。这种"有用无效"悖论背后的原因到底是什么? 这正是本研究接下来需要分析的问题。

四、本研究的分析框架

本研究借助政府购买公共服务中相关利益主体的相互关系和项目影响评价的逻辑框架建立起分析框架。

（一）政府购买公共服务的概念

从供给的方式来看,公共服务的提供形式是多样化的。既可以通过完全的公共方式来提供,也可以通过公共与私人相结合的方式提供。所谓公私结合的方式指的是,政府通过服务外包或购买的方式,向私人机构或组织、团体购买服务,后者则负责向社会大众提供公共服务。其基本形式包括特许经营、拨款、志愿服务、NGO 组织等。以美国为例,公共服务的购买主要是合同外包与公司合作的形式。[①] 日本也通过政府市场化改革,将公共服务的供给一定程度上外包给市场。通过委托具备市场诚信和服务能力的服务组织和机构,降低公共服务的支出成本、提高公共服务的供给质量。同时也在一定程度上增加了民间组织和团体参与公共服务供给的机会。

政府购买公共服务的形式主要是以外包为主,但研究者对政府购买公共服务的认识仍然存在一定的分歧,主要表现如下。

首先,在政府购买服务的实现形式上,存在社会化与市场化的争论。[②]持社会化观点的学者认为,政府购买服务的实现形式应该强调公共服务生产者、供给者与消费者三者之间的相互合作。通过相互之间的合作可以提高公共服务供给的效率,并减少公共服务提供的成本。而市场化论者则强调从效率的角度看待公共服务的供给与实现。主张通过市场化运作的方式,通过市场主体之间的充分竞争提高公共服务供给的效率。[③] 单纯强调效率,将公共服务的供给完全依托市场来进行,有可能导致政府职能的缺失以及监管方面的困境。而纯粹的社会化实现形式,则可能缺乏效率。因此,在政府购买公共服务的实现形式上,应该妥善注重效率与社会化并重,在注重

[①] ［美］安瓦沙:《公共服务提供》,孟华译,北京:清华大学出版社,2009 年版,第176–177 页。

[②] 齐海丽:《我国政府购买公共服务的研究综述》,《四川行政学院学报》2012 年第1 期。

[③] 赵子建:《公共服务供给方式研究述评》,《中共天津市委党校学报》2009 年第1期。

公共服务供给和消费等各主体之间的相互协作基础上,引入市场竞争机制,提高公共服务供给与配置的效率。

其次,政府购买公共服务,涉及政府以及公共服务机构等相关主体。在公共服务主体责任方面,研究者存在一定的分歧。一种观点认为,政府购买公共服务是政府履行社会职能的重要表现形式。通过财政支付向社会服务机构购买公共服务的过程中,政府对公共服务的内容和标准进行规定。同时,在公共服务的供给过程中,政府也承担主要的监督、管理和评估职责。因此,政府是公共服务供给的主要主体。[①] 也有观点强调,在政府购买公共服务的过程中,直接提供公共服务的并非政府,在政府购买后,公共服务的提供责任就转移到了公共服务机构上来。政府只负责按照公共服务的市场价格支付相关费用,并通过这种形式履行政府公共职能。[②] 因此,公共服务的供给实际上主要是供应商,即各种类型的承购公共服务的社会机构。当然,也有学者认为,在政府购买公共服务的过程中,政府与社会服务机构都各自负有不同的主体职责。从政府的角度来看,主要负责公共服务购买资金的筹措、标准的制定、服务提供质量的评估等,而公共服务机构则主要承担公共服务。双方职责划分明确,都是公共服务供给的主体。

最后,政府购买公共服务究竟是一种公共服务供给的实现形式,还是一种新型的社会管理模式,二者之间尚存在一定的争论。有研究者认为,政府购买公共服务是指政府将原来由政府部门直接提供的公共服务内容,以招标的形式,通过拨款给符合条件的社会服务机构来实施,并最终根据公共服务提供的情况来支付费用。[③] 因此,公共服务在这里主要强调的是一种为满

---

① 杨秋霞、张业清:《地方政府购买服务构成要素优化体系研究》,《思想战线》2011年第 2 期。

② 贺巧知:《政府购买公共服务研究》,财政部财政科学研究所博士论文,2014 年。

③ 王春婷:《政府购买公共服务绩效与其影响因素的实证研究》,华中师范大学博士论文,2012 年。

足社会大众公共服务需要而建立起来的一种长期制度安排。[①] 当然也有持不同观点的人指出,政府购买公共服务实际上是传统政府社会管理模式无法适应社会大众不断变化和提高了的公共服务需求,政府因此不得不改变社会管理理念,在服务型政府和新型治理理念的指导下,通过简化行政,突出服务的形式,向社会购买公共服务,将一部分公共服务的职能转移到市场和社会中进行的一种新型社会服务管理模式。[②]

政府将原来直接提供的公共服务项目,通过直接拨款或公开招标方式,交给有资质的社会服务机构或私营企业来完成,最后根据择定者或者中标者所提供的公共服务的数量或质量,来支付服务费用。[③] 当然,由于公共服务本身内涵上的复杂性,对公共服务供给内容上的确定也存在一些分歧。不过,总体上来看,对政府购买公共服务认识上的分歧,主要表现为责任主体的划分、政府购买公共服务的实现形式等方面,而且也达成了一些基本公式。比如,政府是公共服务的购买者,而社会机构是公共服务的提供者;政府购买公共服务不仅强调效率,同时也强调合作;政府购买公共服务过程中,对公共服务的供给负有监管职责等。

(二)政府购买公共服务相关利益主体的分析框架

1. 政府购买公共服务的主要模式

从购买公共服务的形式和途径来讲,政府购买公共服务主要有三种模式:委托性购买模式、形式性购买模式与契约化购买模式。

所谓委托性购买公共服务,主要指的是政府根据特定的需要和目的将

---

① 彭浩:《借鉴发达国家经验 推进政府购买公共服务》,《财政研究》2010 年第 7 期。

② 项显生:《论我国政府购买公共服务主体制度》,《法律科学(西北政法大学学报)》2014 年第 5 期;项显生:《我国政府购买公共服务边界问题研究》,《中国行政管理》2015 年第 6 期。

③ 王春婷:《政府购买公共服务绩效与其影响因素的实证研究》,华中师范大学博士论文,2012 年;贺巧知:《政府购买公共服务研究》,财政部财政科学研究所博士论文,2014 年。

公共服务的实施委托给某些公共服务提供的组织、团体或企业等,由这些直接提供公共服务的组织、团体和企业等向社会大众提供公共服务,政府向所委托的对象提供资金。这种委托性购买公共服务的方式,不存在市场竞争行为。政府与所委托的企业、组织和团体等相互之间形成一定程度的依赖关系。这种委托性购买模式虽然不存在市场竞争行为,且政府能够对公共服务的供给进行相对更加直接、有效的管控,但政府却要对公共服务的购买和供给负责。在这个过程中,政府需要承担一定的风险。一般来说,该种公共服务购买模式下,主要被委托对象为具体提供公共服务的企业。而其他社会组织和社会团体等相对不发达,公共服务的市场化处于较低的水平。在这种情况下,政府能够通过直接的方式满足特定群体对象的公共服务需求。在社区矫正、问题青少年的矫正与管理等服务中较为常见。[①]

当然,委托性购买公共服务的模式存在较大的缺陷。

首先,直接委托性的公共服务购买方式很大程度上损害了其他社会公共服务供给主体自由竞争的利益,不利于公共服务社会化的发展。同时也使得政府对特定的公共服务供给企业存在严重依赖性,从而不利于其他社会组织与社会团体等市场主体的培育与发展。容易导致政府在社会服务市场供给发展中的管控力下降。

其次,在委托性购买服务的过程中,由于政府与特定企业存在严重依赖,一旦公共服务的供给出现问题和漏洞,对责任的追究往往流于形式。政府也难以对提供公共服务的企业进行实质上的处罚。最主要的是,企业公共服务供给产生的问题还很容易被转嫁到政府身上,导致民众对政府的满意度降低。

最后,委托性购买公共服务的模式有可能滋生利益膨胀与腐败问题。依赖性的公共服务购买模式,容易在企业和政府部门之间发生利益操作空间,政府部门权力的膨胀与企业利益的最大化为腐败的发生提供了条件。

---

① 王名、乐园:《中国民间组织参与公共服务购买的模式分析》,《中共浙江省委党校学报》2008 年第 4 期。

形式性购买模式与委托性购买模式具有一定的相似性,该模式同样由政府委托相应的公共服务供给主体向社会大众提供公共服务。但形式性购买模式的区别在于,政府所委托的对象并不是单一的,而是多样性的、独立性的。在形式性公共服务购买模式中,政府与提供公共服务的社会组织、团体与企业之间不存在依赖性关系。政府所委托的公共服务供给主体不是非替代性的。政府可以根据社会大众的具体需求以及公共服务本身的内容与特点等选择不同的社会团体、组织和企业进行公共服务的供给。当然,这个过程并非是通过公开的市场招标形式来完成的,而是通过政府对市场中各类公共服务供给主体进行比价评估后,根据公共服务供给主体的信誉、质量等来确定委托对象。

形式性购买模式相对于委托性购买模式有一定的改进和发展。一方面,公共服务购买与供给的过程中,政府不再扮演主导性角色。公共服务供给主体是独立存在的市场经济体,不再是为满足政府公共服务供给需要而成立的特定企业或团体,从而为市场主体的自由参与提供了可能与空间。另一方面,由于委托对象的独立性,公共服务供给主体的选择有了一定的竞争性。政府委托对象的可选择性增加,有助于刺激公共服务供给对象提高公共服务供给质量和水平,从而最大化满足社会大众的公共服务需要。社会大众也可以通过评估和反馈性形式参与进来。当然,由于市场主体的竞争性增加,社会大众的参与程度也极大提高。因此,在形式性购买模式中,政府的责任相对降低。政府只是公共服务的购买者和评估者,公共服务的供给则由专业社会团体和服务组织来提供。一旦存在公共服务供给质量问题,被委托的社会组织和团体则负有直接责任。

虽然形式性购买模式相对于委托模式有了一定改进,但该种模式仍然存在一定的问题。主要原因在于,形式性购买模式的实质仍然是政府委托,而不是通过公开的市场招标竞争来实现的。因此,也一定程度上限制了其他社会组织与团体参与竞争的机会与权利。① 而且，政府在这个过程中，选择权也进一步提高，也容易滋生腐败。

契约化购买模式是在上述两种模式的基础上发展演变而来的，较上述两种公共服务购买模式有了实质性的改进。主要体现在政府与提供公共服务的团体、组织和企业等不存在依赖关系，政府与公共服务提供主体之间相互独立，因此该模式也被称为独立性竞争购买模式。在契约化购买模式中，政府通过市场公开竞争的方式选择公共服务供给主体，是完全竞争的市场化操作。契约化公共服务购买模式具有几个显著特点。

首先，政府与公共服务供给主体间相互独立，不存在依附性关系。双方都是公平的市场主体。

其次，公共服务的购买以及公共服务供给主体的选择是通过公开的市场招标形式来进行的。政府负责制定相应的条件和规则，所有符合条件的公共服务供给主体都可以自由参与竞争，政府择优选择。

再次，在确定公共服务供给主体后，提供公共服务的社会组织、团体和企业与政府之间签订契约合同，以此确定政府与公共服务供给主体之间的权利义务关系，并通过合同确定双方责任。双方表现为一种合作性关系。②

最后，通过公开的市场招标和自由竞争，具有公共服务供给能力的各市场主体，如社会组织和团体的参与程度极大提高。充分的竞争同时也能够最大化刺激各市场主体不断完善公共服务供给质量，并降低公共服务的成本，从而减轻政府公共服务购买的压力和负担。此外，公开招标的方式也避免了在依附性购买模式中容易滋生腐败的问题。不仅政府部门的权力受到有效监督，同时也强化了公共服务供给主体的责任意识，有利于市场经济的进一步完善和市场主体的培育和发展。

---

① 张省、刘延刚、李博：《政府购买社工服务模式研究》，《绵阳师范学院学报》2013年第 12 期。

② 叶托：《契约管理：公共服务外部购买中的政府职能》，《广东行政学院学报》2013年第 4 期。

当然,由于市场经济仍然处于转型发展过程之中,加之各地区发展水平和市场经济完善程度不一,公共服务购买的社会化与市场化程度存在一定的地区差异,政府与公共服务供给主体之间的合作基础也有待进一步提高,同时,各市场主体的市场成熟度还有待进一步提升。只有公共服务供给主体市场成熟度提高,才能有效提高服务质量,同时也降低政府的管理成本。

2. 公共服务多元供给的内涵

市场经济的开放性与自由竞争性为公共服务的多元供给奠定了基础。从概念上来看,公共服务多元供给的内涵主要包括两个方面的内容。

首先,从供给主体来看,公共服务的购买模式从委托性购买到形式性购买,再到契约化购买模式的逐步转变与发展过程,本身就体现了公共服务供给主体的多元化进程。随着政府提供公共服务的能力下降,政府失灵的同时,市场的发展为公共服务供给水平的提高提供了机遇。市场主体的充分发育与多元主体的发展以及不同市场主体的广泛参与,为公共服务供给主体的多元化、公共服务供给水平的提高提供了条件。市场机制的形成,提高了公共服务供给的效率与质量,有利于社会大众公共服务需求的满足和政府职能的履行。

其次,多元化市场主体的参与同时也为公共服务供给的流程化、专业化创造条件和基础。以往,在市场机制不健全的条件下,委托性质的公共服务购买和供给由单个供给主体完成。公共服务不同环节由同一主体实施,缺乏专业性。而市场主体的多元参与,可以极大提高公共服务供给的专业化水平。同时,公共服务供给的不同环节也可以有效拆分,由更专业、细化的市场主体来完成。具体来说,可以将公共服务的供给拆分为公共服务的生产与提高两个环节。[①] 根据生产与提供的不同特点,以及不同企业、社会团体和社会组织的专长,进行有效分配,可以进一步提高公共服务供给的水平

---

① [美]E.S.萨瓦斯:《民营化与公私部门的伙伴关系》,周志忍译,北京:中国人民大学出版社,2002 年版,第 68 页。

和质量,同时也最大程度上提高市场主体的参与程度。很多学如者马斯格雷夫、文森特·奥斯特罗姆、查尔斯·蒂博特和罗伯特·沃伦等在公共服务供给研究中也都秉持类似的观点。①

　　最后,通过上面的讨论,公共服务多元供给具有以下内涵:在公共服务供给的过程中,不同的市场主体可以根据自身所长发挥优势,通过不同的方式、途径广泛参与公共服务的生产与提供过程之中。同时,通过多元市场主体的整合,可以建立起完善的公共服务供给机制。在不同的地区,根据各地区发展水平和市场化阶段,采取与该地区实际情况相适应的公共服务供给模式,从而提高公共服务供给的针对性和有效性。

　　公共服务多元供给的发展不仅解决了公共服务由谁来提供的问题,同时也进一步解决了如何供给的问题。当然,要解决公共服务供给的质量和效率问题,还必须进一步完善对各公共服务供给主体的评估问题。通过制定相应的政策和指标,在公共服务购买的过程中进一步明晰多元市场主体的优势、内容与特点等。

　　根据公共服务供给的目标(为什么要向社会大众提供公共服务)、内容(市场主体能够提高何种公共服务)和供给方式(各市场主体如何向社会大众提供公共服务)等,可以将公共服务供给主体划分为不同类型。有研究者认为,根据不同市场主体的伙伴关系类型,可以将公共服务供给主体划分为政府、志愿团体和私营企业等三种类型。萨拉蒙则在其研究中指出,公共服务的提供者主要有三种类型,一是政府,二是非营利组织,三是私营企业。②以上的划分方式有异曲同工之处。格里·斯托克进一步指出,在提供公共服务的市场主体中,非营利组织又可以定义为第三部门。③ 这里的第三部门包括非营利组织、非政府机构、社区组织、志愿组织、合作社等。在国内关于

---

①　杨宏山:《公共服务供给与政府责任定位》,《中州学刊》2009 年第 4 期。

②　[美]莱斯特·M.萨拉蒙:《全球公民社会:非营利部门视界》,贾西津,魏玉,等译,北京:社会科学出版社,2002 年版,第 11-17 页。

③　俞可平:《治理与善治》,北京:社会科学文献出版社,2000 年版,第 39 页。

公共服务供给的研究中,一般将公共服务供给主体划分为三种类型,即政府、市场和第三部门。①

　　总的来说,公共服务多元主体的划分可以依据不同的标准来进行。一是是否行使公共权力;二是是否以营利为目标。根据前一种划分标准,可以将公共服务提供主体划分为公共部门与非公共部门。而依据后一种划分方式,则可以将公共服务提供者分为市场部门与非营利部门(第三部门)。概而言之,公共服务供给主体可以划分为公共部门、市场部门、非营利部门等三种。

　　在提供公共服务的三类部门中,政府是行使权力的公共部门,包括中央和地方各级政府。就政府部门而言,主要指的是拥有立法权、司法权和行政权的各类政府机关的总称。政府提供公共服务着重强调公共性,目的在于满足社会大众的基本需求和实现公共利益。政府提供公共服务具有先天优势。一方面,政府掌握国家财力和权力,有足够的能力和完善的供给渠道。在内容方面,政府公共服务的供给主要通过行政方式,以财政拨付的形式实现公共服务的供给,财政拨款是政府实现公共服务供给的重要手段。不过,随着公共服务供给多元化的发展,政府供给公共服务的效率不高,逐渐退出公共服务供给领域,而让位于市场手段和途径。充分发挥社会力量的功能,使其在公共服务供给中发挥更大作用是新时期政府履行公共服务和社会治理职能的基本原则。②

　　除了政府部门之外,事业单位也承担重要的公共服务供给职能。在科技、教育、卫生、文化等公共领域,事业单位发挥了重要的公共服务供给作用。根据早期相关法律政策内涵,事业单位除了承担一部分行政职能外,还主要从事生产经营和公益事业职能。但在改革开放过程中,事业单位的行

　　① 赵子建:《权力回归与多主体动态平衡论——公共服务供给方式多元化的政治学新解》,《视野》,2010 年第 4 期。
　　② 贾凌民、吕旭宁:《创新公共服务供给模式的研究》,《中国行政管理》2007 年第 4 期。

政职能逐渐弱化,而生产经营职能也逐步转移到企业中来。因此,公益事业的推动与发展成为事业单位的重要职责。

市场是公共服务供给的重要承担者。在这里,市场主要指的是那些从事生产经营和参与市场竞争的各类市场主体,主要指各类企业、营利性社会组织和团体等。以企业为例,在中国特色社会主义市场经济体制中,主要包括全民所有制企业、集体企业、民营企业等。这些企业是公共服务供给的重要主体。当然,在市场经济发展的不同阶段,不同类型企业承担的公共服务供给职能和任务有所不同。在社会主义初级阶段,国有企业在国民经济发展过程中占有主体地位。相应的,在生产经营和公共服务职能承担方面也扮演了重要角色,对其他类型企业起到了示范和引导作用。改革开放后,市场经济的发展以及经济体制的改革,使得非公有制经济逐渐发展壮大,民营企业及私营资本开始在生产经营和公共服务供给中发挥重要作用,公共服务的供给主体也逐渐趋于多元化。尤其是民营企业在公共服务的供给中更加注重效率,成本也相对较低,能够满足不同人的公共服务需求。

第三部门,即我们俗称的非营利部门,也是公共服务供给的重要主体之一。作为独立于政府和市场的第三部门,非营利组织和团体能够有效弥补政府公共服务供给的低效率与市场公共服务供给的盲目性。在公共服务供给过程中起到重要的补充作用。当前,我国各类非营利组织、团体发展迅速,门类齐全,形成了覆盖广泛的非营利部门体系。非营利部门具有民间性、自治性、志愿性、非营利性等优势,在公共服务的供给过程中,能够充分发挥广泛的动员作用,并满足低成本公共服务供给的需求。在公共服务供给内容上主要弥补政府和市场不愿意做、不常做或者做不好的部门的缺陷。[①]

在多元公共服务供给框架下,要求作为主体的政府、企业和非营利部门广泛参与进来,在公共服务供给过程中享有同等机会。同时,也要求各公共

---

① 唐娟:《政府治理论:公共物品供给模式及其变迁考察》,北京:中国社会科学出版社,2006 年版,第 341 页。

服务供给主体相互配合、优势互补,在公共服务供给过程中避免单打独斗,相互排挤。只有形成相互倚重、相互配合、多元嵌套的公共服务供给体系,才能最大化地满足社会大众的公共服务需求。

3. 公共服务主体的选择

公共服务的供给,从涉及的利益关系来说,一般涉及三个主体:一是作为公共服务购买一方的政府,即我们上文所指出的公共部门;二是作为公共服务供给的直接承担者和提供者,包括政府部门、市场参与主体(企业、社会组织、社会团体等);三是作为公共服务直接享受者的社会大众。公共服务的现有研究中,最简便的分析框架是"服务主体""服务内容""服务动因""服务方式""服务绩效"构成的逻辑链条,这个框架忽略了公共服务到底"如何服务"这个关键命题。世界银行把公共服务供应链中的四大参与主体(公民/客户、政治家/政策制定者、服务提供者和一线专业人员)用责任连接起来,强调任何参与主体的责任缺失都将导致公共服务的失败。① 政府购买公共服务的过程就是将服务的规划者与生产者分离,政府将生产职能委托给其他服务生产者,将自身的职能转为制定目标、过程监督和拨付资金,由生产者整合各类资源提供公共服务,满足社会需求。基于以上分析,可以把政府购买公共服务行为中的参与主体分为政府、服务生产者和客户。政府部门是服务的规划与购买者,承担服务项目的监督、验收和资金提供职能;服务生产者是服务的直接提供者,主要任务是提供高质量的公共服务;客户是服务的接受者和获益者,对服务质量、服务需求有向政府部门和服务生产者表达意见的权利。

不过,从目前政府购买公共服务的相关研究来看,研究关注的仍然主要是二元主体关系。即作为公共服务购买者的政府和作为公共服务提供者的市场和第三部门等之间的关系。

前面我们已经讨论了公共服务多元供给的概念及内涵。从供给主体的

---

① 世界银行:《让服务惠及穷人》,北京:中国财政经济出版社,2004 年版,第49 页。

角度来看,公共服务供给主体的选择具有主动性和被动性两种方式。① 主动选择指的是作为公共部门的政府主动选择公共服务的供给模式,并对公共服务供给主体进行筛选。被动选择则指的是政府根据社会大众对特定公共服务内容的需求以及供给状况的反馈进行回应,从而选择适合社会大众需求的公共服务供给主体。

公共服务是一个综合了开放性、社会文化嵌入性、技术依赖性等于一体的公共领域。② 其中,开放性和社会文化嵌入性要求公共服务应交由不同的主体进行供给,要提供各种主体自由进入的渠道。而技术依赖性则要求各公共服务供给主体要有选择性。要求政府要根据具体公共服务内容和特点,以及公共服务的目标与价值等制定严格的评价标准。

在具体实践中,公共服务供给主体的选择首先注重公共服务本身的特点。即根据公共服务是纯公共领域还是准公共服务等性质,确定公共服务供给主体应由公共部门提供,还是应该允许计划外市场主体的参与。其次,公共服务主体的选择还要根据客观情况,根据现有公共服务供给主体的服务情况,考察是否有必要更换、替代和增加供给主体等。此外,还要根据特定公共服务项目的供给是否有多元主体可供选择等。最后,对公共服务供给主体的选择,还要根据公共服务项目的具体内容,比如公共服务的层次性,服务的边界、消费者的需求、国家政策等制定差异化的评估指标,为公共服务供给主体的选择确定标准。

一般来说,涉及公民生存和发展基本需求的基础性公共服务,涉及项目广、覆盖人数多,因此公共服务供给的主体选择应该尽量多元化,除了政府等公共部门外,应允许公民、市场和非营利组织作为填补主体,参与公共服务供给。而那些涉及更高层次需求和差异化需要的公共服务,则完全可以交由营利性市场主体和相关组织、团体来承担。而那些涉及特殊群体的特

---

① 刘旭涛:《政府绩效管理制度、战略与方法》,北京:机械工业出版社,2013 年版,第 16 页。

② 吴敬琏:《比较·第十二辑》,北京:中信出版社,2004 年版,第 5 页。

殊公共服务项目,一般政府没有足够精力,市场也不愿意进入的公共服务领域,非盈利的第三部门则具有相对优势。

公共服务供给主体的选择是一个涉及服务主体、客体、对象和服务方式之间的一个长期交互影响博弈的过程。[①] 其中,政府作为公共部门和公共服务的直接购买者,拥有公共服务供给主体的选择权,而各公共服务供给主体的自由参与则是一个涉及服务质量、服务水平和自身实力之间的市场筛选过程。社会大众对于公共服务的需求,拥有乡政府委托供给主体的选择权。因此也应该从制度设计上保障社会大众在公共服务供给主体选择中的参与权。不过,值得指出的是,社会大众对公共服务供给主体选择的反馈上,存在过程滞后性和延时性。因此,必须采取现代化的信息技术等发达手段为公共服务主体的选择提供便利,使公共服务供给主体的选择和评价更具时效性。同时采取多样化的选择策略,重视主动选择和被动选择的混合使用,从而建立完善选择与评价的双向互动机制,降低公共服务供给主题选择的成本。

当然,公共服务供给主体的选择是一个长期的过程,并不存在一个理论上最优的选择。公共服务供给质量的高低、群众满意度的评价是重要的参考标准,但也只存在相对最优模式。[②] 公共服务供给模式的理想选择是建立相对多元化的供给方式、完善多元公共服务供给主体选择和覆盖最大化社会大众、满足不同社会大众差别化公共服务需求的综合公共服务供给制度体系。

(三)本研究分析框架的提出

农村实用技术培训是政府财政专项扶贫项目"雨露计划"的主要组成部分。"雨露计划"是由政府主导、社会参与为主的贫困人口能力建设项目,通

---

① 孟凡利:《企业效绩评价理论与实务》,济南:山东人民出版社,2002年版,第58页。

② 清华大学:《公共管理评论第二卷》,北京:清华大学出版社,2004年版,第90页。

过学历职业教育、劳动力转移培训、创业培训、农业实用技术培训等手段,提高贫困人口的科技素质和增强就业创业能力,加快脱贫致富的步伐,促进贫困地区经济发展。"雨露计划"的实施标志着我国的扶贫开发工作由开发自然资源到开发自然资源与开发人力资源并举的阶段。

农村实用技术培训属于政府通过购买服务的形式提供给贫困人口的公共服务项目。根据上节的分析,政府购买公共服务的参与主体主要有公民/客户、政治家/政策制定者、服务提供者和一线专业人员。在实践中,由于基层政府扶贫部门一般不具备直接提供培训服务的能力,往往把培训任务委托给具有一定资质的培训机构来实施,实现了农村实用技术培训提供者和生产者的分离,从而产生了县扶贫部门、培训机构和贫困人口三大参与主体。具体到本研究,农村实用技术培训的参与主体可以划分为基层政府扶贫部门、培训机构和贫困人口。基层政府扶贫部门是农村实用技术培训政策的制定者,是农村实用技术培训项目的委托者、监督者和验收者;培训机构是农村实用技术培训服务的生产者和直接提供者;贫困人口则是农村实用技术培训的接受者,是培训的客体。它们之间的关系结构,构成了本研究的基本分析框架。

从学理上分析,农村实用技术培训的效果取决于基层政府对培训机构的监督和激励程度、培训机构的努力程度和所提供服务的实用性以及贫困人口对服务的接受程度。

基层政府扶贫部门把培训任务委托给培训机构,就产生了委托代理关系,由于信息不对称和利益不一致,实践中会产生"逆向选择""道德风险"等委托代理问题,解决委托代理问题的关键是加强监督和激励,保持委托人和代理人的利益一致性。因此,基层政府扶贫部门作为政策的制定者和任务的委托者,在农村实用技术培训中对培训机构具有监督和激励的职责,其监督和激励的力度一定程度上对培训的质量会有直接的影响作用。

培训机构是农村实用技术的直接提供者,一方面要按照项目审批的方案提供培训内容,接受基层政府扶贫部门的监督;另一方面,要根据农村和贫困人口的实际开展实用的技术培训,满足贫困人口的需求。培训内容如果脱离农村实际,超出贫困人口接受的能力范围,培训方案缺乏科学性、合理性和实用性也会影响培训的质量和实质效果。同时,贫困人口的学习意愿和能力也会影响其接受程度和培训效果。这是农村实用技术培训效果分析的第一个层次,涉及培训委托者、生产者、接受者之间的关系(图1-1上半部分所示),关注的是能力提升问题。

农村实用技术培训效果分析还有第二个层次,即提升后的能力是否能够在实践中充分发挥作用,进而推动生产效率的提高,形成扶贫效果(图1-1下半部分所示)。亚洲开发银行认为农业发展项目涉及面广,包括农业生产发展、家畜饲养、林业和种养业等,这类项目的主要效益是促进农业发展,帮助农民脱贫,项目的主要利益相关者——农民,在项目中的收益程度需要特别关注。如对养种植新技术培训的接受程度,妇女和农村贫困群体能否平等获得受益和发展机会。[1] 根据瑞士发展计划署贫困影响评价的逻辑框架法,一个扶贫项目从输出(产品、服务)到效果(成果、影响)是有因果关系的,在它的结果链条上至少包含如下几个环节和要素:输入、活动、输出、结果、影响,影响包含中间影响、中期影响和最终影响。[2] 已有研究多停留于第一个层次,其隐含的逻辑是:贫困人口获得实用技能后自然能够带来扶贫效果,即"有用"="有效"。然而,实际情况是,"有用"知识和能力要带来"有效"的生产活动和物质财富,还涉及农业生产的实践过程。这个过程中包含一些在实用技术培训之外却又对培训活动具有重大反馈作用的影响因素,揭示这些因素是阐明实用技术培训效果及其影响因素的突破口。

[1] Asian Development Bank, Handbook for Poverty and Social Analysis. A Working Document, Dec. 2001;Asian Development Bank, Poverty analysis Handbook(2006);The Word Bank, Evaluting the Poverty Impact of Projects:A Handbook for Practitioners, Ddcember 15, 1999。

[2] 陆汉文、杨永伟:《劳动力转移培训项目贫困影响评估:一个初步框架以沙县小吃就业创业培训为例》,《中国农业大学学报》(社会科学版)2016年第5期;Swissaid:Evalution Management on the Example of SWISSAID in Myanmar(PPT);Berne:RBM and PCM in a nutshell(2015.04.15,PPT)。

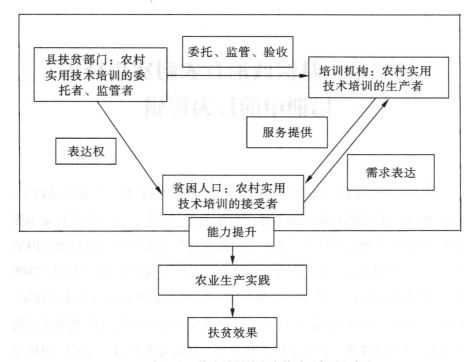

图1-1 农村实用技术培训的多主体关系与分析框架

综上所述,县级扶贫部门、培训机构和贫困人口都可能是影响农村实用技术培训效果的关键变量,因此,对这三者相互关系结构的把握和行为特征的分析是解释贫困人口能力建设结构性困境的重要线索。同时,贫困人口接受了实用技术培训后由技术转化为能力进而带来扶贫效果的过程,即外在于实用技术培训的贫困人口所在的农业生产实践环境也是影响实用技术发挥作用的关键因素。

第二章　基层政府在农村实用技术培训中的行为逻辑

从 1986 年我国开展有组织、有计划、大规模的农村扶贫开发活动以来，经过 30 多年的发展历程，已经形成了政府主导、多部门参与、多种资金来源和管理渠道、多种扶贫行动干预和多项扶贫政策构成的相对完整的贫困治理体系。[①] 1994 年，国务院颁布了《国家八七扶贫攻坚计划》(1994—2000年)，我国的扶贫开发工作实行分级负责、以省为主的省长扶贫工作责任制。1996 年中共中央、国务院出台《关于尽快解决农村贫困人口温饱问题的决定》进一步要求各部门的扶贫资金按年度一次性分配到省、自治区，中央专项扶贫资金的分配和使用要和分级负责、以省(自治区)为主的扶贫工作责任制结合起来，坚持资金、权力、任务、责任到省的原则，一直沿用到十八大前。十八大以来，中央提出精准扶贫的战略方针，为了加强财政专项扶贫资金管理，发挥资金使用效益，2014 年 8 月，国务院扶贫开发领导小组印发了《关于改革财政专项扶贫资金管理机制的意见》(国开发〔2014〕9 号)，要求"从 2015 年起，除个别不适合下放审批权限外，绝大部分项目审批权限都要下放到县，由县级政府依据中央和省级资金管理办法规定的用途，自主确定扶持项目"。[②] 2016 年 4 月，国务院办公厅印发《国务院办公厅关于支持贫困县开展统筹整合使用财政涉农资金试点的意见》(国办发〔2016〕22 号)，

---

① 张磊:《中国扶贫开发政策演变:1949—2005》,北京:中国财政经济出版社,2012年版,第 24 页。

② 国务院扶贫开发领导小组:《国务院扶贫开发领导小组关于改革财政专项扶贫资金管理机制的意见(国开发〔2014〕9 号)》, http://www.cpad.gov.cn/art/2014/8/8/art_46_72584.html。

在全国范围内优先选择不少于贫困县总数的三分之一的领导班子强、工作基础好、脱贫攻坚任务重的贫困县开展试点,2017 年,推广到全部贫困县。对纳入统筹整合使用范围的财政涉农资金项目审批权限完全下放到贫困县。①

从"控制权"的视角来看,随着扶贫项目审批权下放到县,省市级政府主要负责扶贫项目的备案、监管和检查,控制权变小,而县级政府负责项目的审批、组织实施、监管和验收,项目绩效自评和扶贫对象受益情况检测,权利和责任越来越大。从政府购买公共服务的理论来看,县级政府是扶贫政策的制定者,项目的委托者、监督者和验收者。因此,县级政府就成为扶贫项目实施效果的直接影响变量。就本书研究的农村实用技术培训而言,基层政府扶贫部门把培训任务直接委托给县域内的培训机构,实现了培训任务提供者和生产者的分离,成为项目的直接监管者。那么,基层政府扶贫是如何委托、检查和验收的呢? 是不是像有些研究者所说的,基层政府在培训人员的监测方面没有可靠的方法来避免代理部门的舞弊或不当作为,对培训机构参与合作的激励不足? 鉴于此,本章以"委托代理理论"为分析框架,以豫西 4 个贫困县扶贫部门的委托、监督和验收行为为重点,进一步分析基层政府的行为对农村实用技术培训效果的影响作用。

一、"委托代理理论"的分析框架

委托代理理论最早是在 20 世纪 30 年代经济学家研究企业兼具所有者和经营者的弊端时提出来的,倡导把企业的所有权和经营权分离。20 世纪 60 年代末 70 年代初一些经济学家在深入研究企业内部信息不对称和激励问题时发展了委托代理理论,它的前提假设是委托人和代理人之间存在利

---

①　国务院办公厅:《国务院办公厅关于支持贫困县开展统筹整合使用财政涉农资金试点的意见》(国办发〔2016〕22 号),http://www.scio.gov.cn/32344/32345/33969/34491/xgzc34497/Document/1475959/1475959.htm。

益的相互冲突和信息的不对称。① 委托代理理论遵循新古典经济学"理性人"的假设,认为委托人和代理人都是理性化的主体,行为目标都是为了实现个人利益的最大化,而且委托人和代理人的行为目标和利益是不相一致的,甚至是相互冲突的。由于利益的相互冲突,代理人可能利用合同关系从中获取利益,损害代理人的利益,产生代理问题。委托代理理论认为委托人和代理人之间存在信息的不对称,从不对称发生的时间看,把由于信息不对称产生的问题分为两类,即合同前和合同后的问题。合同前产生的信息问题主要是"隐蔽信息"问题,即合同双方隐蔽各自私有信息以及"逆向选择"问题。"逆向选择"主要指在合同签订前,一方利用并隐藏自己的私有信息来获取个人私利,而对合同的另一方的利益带来不利影响。合同签订后产生的问题主要是"道德风险"问题,即合同签订后,合同的一方拥有私有信息,并采取投机行为损害对方而获私利,其行为又不能被另一方在不付出代价的情况下观察到,即使观察到也无法证实,即产生代理问题。②

委托代理理论认为当委托人和代理人的利益产生冲突并且信息不对称时会产生代理问题,由于代理人和委托人利益冲突和信息不对称的普遍存在,代理问题也屡见不鲜。解决代理问题的途径主要是通过组织设计加强监督和增强激励。加强监督就是把容易产生隐蔽行为的领域加强测量,提高抓获隐蔽行为的机会,增加隐蔽行为的成本。增强激励就是在合同中考虑代理方加入合同的激励和进入合同后的激励兼容性问题,简单来说,就是合同应该使双方都有利可图。但是加强监督和增强激励都会增加相应的成本。由于公共部门的组织结构和委托代理关系的建立与企业有着类似的特征,因此,委托代理理论也适用于行政管理领域,如政府中的上下级关系,政府与企业、社区及公共权力、国有企业改革、腐败问题等。

---

① 刘有贵、蒋年云:《委托代理理论述评》,《学术界》2006 年第 1 期。
② 周雪光:《组织社会学十讲》,北京:社会科学文献出版社,2003 年版,第 49-52页。

二、案例县农村实用技术培训项目的委托过程

20 世纪 70 年代以来,西方国家在公共服务领域逐步引入市场机制和竞争机制,推行民营化的政策,旨在减少政府对公共资源的垄断和弱化政府的公共服务角色,强化社会组织参与公共服务的地位。我国政府也以购买公共服务和外包服务探索建立新型的公共服务供给机制。[①] 一般认为政府垄断严重影响公共服务的提供效率,政府购买公共服务的核心是竞争、民营化,通过竞争和民营化可以利用承包商的专业性、灵活性、多样性服务提高公共服务的供给效率,但是对民营化的批评也一直存在,认为民营化可能加剧公共服务的非均等化、产生权力寻租和腐败、监管失效和形成新的垄断。[②]

《国务院扶贫开发领导小组关于改革财政专项扶贫资金管理机制的意见》(国开发〔2014〕9 号)指出要改革扶贫资金使用机制,探索政府购买社会服务,有序引导社会力量参与扶贫开发,"凡适合采取市场化方式提供、社会力量能够承担的扶贫工作和扶贫项目,可采取委托、承包、采购等方式,通过公开、透明、规范的程序交给社会力量承担"[③]。按照这一规定,政府购买公共服务的形式是多样化的,有委托、承包、采购等方式。《河南省财政专项扶贫项目管理办法(试行)》(豫扶贫组〔2015〕4 号)对"雨露计划"中实用技术培训和创业致富带头人培训这两类能力建设项目的申报做了规定,即由培训基地制定实施方案,报扶贫部门审批后实施,完成培训任务后,即可进行报账。可以看出,在"雨露计划"的培训项目中,是由培训基地制定方案报批扶贫部门后才组织实施的。那么"雨露计划"培训项目的任务是如何产生

①　陈松:《公共服务民营化的假设局限及其路径选择:公共性的回归与重构》,《浙江学刊》2014 年第 2 期。

②　杨桦、刘权:《政府公共服务外包:价值、风险及其法律规制》,《学术研究》2011 年第 4 期。

③　国务院扶贫开发领导小组:《国务院扶贫开发领导小组关于改革财政专项扶贫资金管理机制的意见(国开发〔2014〕9 号),http://www.cpad.gov.cn/art/2014/8/8/art_46_72584.html。

的？政府与培训基地的关系是什么？政府是以什么样的形式委托给培训基地呢？这种委托形式对培训的质量是否有直接的影响呢？

（一）择优确定培训基地

从完成能力来看，基层政府部门一般不具备直接完成培训的能力。那么，目前的做法就是通过竞争择优机制建立属于部门行业的培训基地（机构），然后委托培训基地去完成这些培训任务。如《农业部办公厅 财政部办公厅关于印发〈2013 年农村劳动力培训阳光工程项目实施指导意见〉的通知》（农〔2013〕36 号）对培训基地（机构）的确定就做了如下的规定。

> 承担阳光工程培训任务的机构应具备以下基本条件：
> 1. 具备独立法人资格的公办机构，且近 5 年无不良记录。
> 2. 具备较强的农民组织能力和农民培训经验。
> 3. 具备稳定的培训教师队伍和相应的教学实训条件，农业职业技能培训和农业创业培训要具备必要的食宿条件。
> 4. 自愿在农业主管部门指导下承担培训任务。
> 各级农业主管部门应当遵循公开、公正、公平的原则，择优确定培训机构，每个项目实施县承担任务的培训机构原则上不超过 3 家，培训任务要向培训能力强、培训质量高的农民教育培训专门机构倾斜。在培训机构自愿申报的基础上由农业主管部门组织评审，评审结果要向社会公示，无异议后予以确定。承担新型职业农民农业创业培训任务的机构由省级农业主管部门和县级农业主管部门确定，承担其他农业创业培训任务的机构可由省级农业主管部门确定，其余培训机构由县级农业主管部门确定。各省农业主

管部门要对所有的培训机构进行备案管理。①

　　河南省"雨露计划"培训基地每一到两年进行一次评定工作,分为省级、市级和县级三个层次,评定后的培训基地具有直接承担"雨露计划"培训任务的资质。根据信息不对称理论和"委托代理理论","委托—代理"关系中往往由于双方信息的不对称,一方可能利用信息优势产生对另一方不利的行为,即道德风险。那么,政府是如何防范这种风险的发生? 通过调研和文献研究得知,政府通过建立或确定培训基地这一行为,可以在一定程度上减少信息不对称和道德风险的发生:第一,政府可以有效地掌握培训基地的有效信息,如组织农民的能力、培训经验、师资队伍、实习实训条件等,减少委托前的信息不对称,择优选择培训基地,可以提高培训的质量;第二,实行挂牌和等级评定对培训基地也是一种激励,能够激励培训基地与政府部门的利益保持一致性,减少实际执行中的代理行为。《河南省 2014 年"雨露计划"培训工作实施意见》第五条"保障措施"中提出加强对培训基地的扶持力度,"对管理规范、成绩显著的省级培训基地,在任务和资金安排上要给予重点扶持,积极支持培训基地做大做强,充分发挥其资源优势和示范带头作用"。②

　　"雨露计划"培训任务的委托是政府通过建立培训基地的形式,把培训基地纳入部门管理的体系,然后直接把培训任务委托给培训基地,代替了政府购买公共服务机制中民营化的市场竞争机制。虽然没有采取招标等竞争形式,但采取的直接委托形式,也在一定程度上具备了政府购买公共服务市场竞争机制的部分要素,因为培训基地的评选过程中需要在多个机构中择优评定,建立和评定培训基地本身就是一种竞争机制。因此,评定出来的培训基地本身就是具有较强专业实力和培训经验的培训单位。笔者调研的 4

<hr />

　　① 农业部办公厅 财政部办公厅:《关于印发〈2013 年农村劳动力培训阳光工程项目实施指导意见〉的通知》(农〔2013〕36 号),http://www.moa.gov.cn/govpublic/CWS/201305/t20130503_3450792.htm。
　　② 河南省扶贫办:《河南省 2014 年"雨露计划"培训工作实施意见》,http://www.hnkfb.gov.cn/E_ReadNews.asp? NewsID = 2258。

个贫困县都建立了不同层级的"雨露计划"培训基地。从建设情况来看，2013 年以来豫西 4 个贫困县"雨露计划"培训基地基本保持不变，而且都具备农村实用技术培训的能力和开展实用技术培训的经验；以 Y 县为例，该县的两所培训基地中，职教中心从 2014 年直接成为河南省省级"雨露计划"培训基地，而技工学校从 2011 年评定基地以来一直是县级培训基地。如 Y 县扶贫办副主任介绍的：

> 这两所学校一直是我们的培训基地。职教中心，它的前身是县第一职业高中和第三职业高中合并，组建的县职业教育中心，这样子实际上等于是把职业高中组合到一块了，实力还是比较强的。技工学校呢，它原来在教学任务上也聘请过其他老师，因为在某些方面他们毕竟不是专业的，还是有聘请的。县里就这两所学校，职教中心实力强一些，就给它报成省里面的培训基地，技工学校稍弱一些，一直是咱县里面的培训基地。"雨露计划"的任务都是它们两所学校承担的，上面每年都有培训任务，你再到外面去请其他学校的老师或者让市里面其他学校来培训，那不现实，成本太高了。因此，在县里面这两所学校还是比较好的。（访谈记录：JLM – 20160807）

Y 县职教中心的负责人 TZY 是这样介绍该基地的：

> 我们学校是河南省"雨露计划"省级培训基地、省民办职业教育 20 强、市职业教育特色办学先进单位。我们学校原来是县里面两所中职学校合并的，2012 年组建后实力比较强，2014 年申报省里面的"雨露计划"培训基地后就直接批了，主要还是我们这一块现在比较强，原来两所学校的骨干老师都来这边了。（农村实用技术培训时）我们没有去外面抢老师，其他学校吧，他们没有这个专业

课老师,我们这一块,刚好就是个农民问题,它原来就是个农工,农工变成了个职高,它有这个专业课老师,园艺了、养殖了。这些个老师,都是我们自己的老师,而且这些老师还都是专业课(老师),从这个专业对口的学校毕业的老师,像冯老师、王老师、张老师,这些老师在学校里的时候可以说是学生们非常欢迎他们的课。他们不光是课上,而且课下,现在的手机也可以拍,老师讲课以后,"学生"(贫困户)拦着老师不让走。我是搞这个养猪的,冯老师是讲养殖的,大家就会问:我这个老母猪下的崽怎么怎么的,我这个猪养的怎么怎么,尽管我听不懂,这个冯老师都会去给他解释。或者就会有这个专门讲这个花椒的,这个王老师就会跟他们讲解。因此,我们的老师是一点问题都没有,完全能胜任这个工作。(访谈记录:TZY-20160810)

评定培训基地,是政府完成农村实用技术培训工作的重要组成部分。建立培训基地后政府扶贫部门就和培训基地建立了业务方面的直接关系,既是委托代理关系,也是合作伙伴关系。长期建立的伙伴关系,使得政府扶贫部门需要依靠配需机构完成培训任务。从成本来看,在本县范围内选定政府遴选的"雨露计划"培训基地承担农村实用技术培训也是成本相对较低的方式。总之,虽不是完全竞争的市场机制,但通过建立培训基地,可以达到政府购买公共服务中市场竞争机制的效果,培训基地能够提供专业的服务并能完成政府委托的任务。

(二)"家家有份":培训任务的委托与分配

由上所知,通过建立"雨露计划"培训基地,这些培训基地就相应地具有了农村实用技术培训的资质。一般来说,县级扶贫部门就直接把培训的任务根据不同基地的专业特色分配给本县的这些培训基地,从而完成农村实用技术培训的委托。以 Y 县和 N 县为例,Y 县共有两所"雨露计划"培训基地,分别为河南省省级和县级培训基地,N县共有两所"雨露计划"培训基地,都是县级培训基地。Y县和N县农村实用技术培训工作由两所培训基地共同承担且培训任务基本平均分配,从而达到平衡培训基地之间的竞争和保持和谐关系,有利于农村实用技术培训的顺利开展。Y县扶贫办副主任JLM这样解释道:

> 我们目前没有采用招标,一直是由这两所学校来培训,这两个学校是省里和县里的"雨露计划"培训基地,我们有长期的合作关系,每年的培训都是由它们来弄。职教中心有专门的农业这方面的专业,老师也比较专业,技工学校也不错。做法是大概平均分配名额给他们,比如说去年1 500个名额,你800,他700,最后只要完成这些培训任务就行了。可后来发现,两所学校会跑到同一个村去培训,这样会出现重复培训的情况,同时也会产生矛盾。如果说两所学校都去同一个村培训过,我们也不好办,上面来查就不好说了,但人家都实实在在去培训了,得给它们支付培训的费用,所以说我们也不好办。为了避免两个培训基地相互打架,只是简单划分了一下地方——河南、河北。河南,就归技工学校来培训,河北就是由职教中心来培训,这样就避免了两个学校都去这一个村去联系,毕竟咱是站在全县的一个角度上这样去划分,不能重复培训,所以咱就对这个基地要求就是说你负责河南这几个乡村镇,另一个就负责河北这几个乡镇。(访谈记录:JLM-20160807)

N县扶贫办副主任也是这样说道:

> 这两所学校的实力都差不多,长期承担我们的"雨露计划"培训任务,我们按照河南、河北的划分方法,基本平均分配给它们培训任务。由于N县信息技术中等专业学校原来承担了"雨露计划"

中的"金蓝领"和助学工程试点任务,前两年主要以"金蓝领"为主,实用技术培训这一块给它的少,后来"金蓝领"也没有了,所以前两年少一点,前年是200,去年是355,今年都是600,我们就把任务平均分配给这两所学校了。各乡镇的分配主要是根据(科技扶贫和到户增收)项目,然后根据乡镇的项目划片确定培训学校,你去这几个乡镇,然后它就不能去了。(访谈记录:JSH–20170203)

从政府购买公共服务的经济视角看来,政府购买公共服务的核心就是破除政府行政手段的垄断而导致的资源配置的无效率,外部购买通过市场机制可以提高公共服务的高效率,还可以满足公共服务对象的需求。但这个前提是,只有在一个竞争充分的市场环境中,这种高效率的公共服务才可能得以实现。事实上,充分的市场竞争机制根本就不存在,因而这种市场的缺陷将可能导致由于委托代理问题而存在的各种困境,政府一般会采取相应的维护市场竞争机制的手段,如将承包合同一分为二,避免"赢者通吃"的购买方式。

从 Y 县扶贫部门购买农村实用技术培训的活动中可以看出,首先政府购买技术培训服务的市场是不完全的,并且政府和培训机构的关系并不是完全的政府和市场的关系,更形象地说是一种合作伙伴关系。通过培训基地的建设,Y 县和 N 县扶贫办与当地的培训学校建立了长期的合作关系,并对县域内培训学校的情况较为了解。那么,在一个县域范围内为了保持县扶贫办与培训学校、培训学校相互之间的和谐关系,防止出现恶性竞争的情况,对两个培训学校的培训范围进行了简单的划分,采取平均分配培训名额的形式就不难理解。由于培训基地的建设本身就代替了民营化的竞争机制,县扶贫办就可以直接把培训任务委托给这两个培训基地。

(三)"贫困人口需要什么就给什么":培训目标的确定

对河南省"雨露计划"实施政策的了解获知,随着扶贫领域资金整合试点和权力下放,从 2015 年开始,河南省省级扶贫部门不再年初提出和下达年度"雨露计划"培训工作目标任务,由各县根据省下达的脱贫目标任务、扶贫资金数量和本地能够参加"雨露计划"培训的潜在学员数量等因素提出本县的培训任务,各市县汇总后的"雨露计划"工作目标即为全省年度工作总任务目标,"雨露计划"项目根据下达目标直接由县级扶贫部门监督和实施。

由上可知,虽然农村实用技术培训的经费属于中央和省级政府财政拨款,但是培训的任务目标是由市级扶贫部门根据所辖县的脱贫目标任务、扶贫资金数量和本地能够参加"雨露计划"培训的潜在学员数量等因素分配,并与县级扶贫部门商讨后上报的。从调研的贫困县近几年的农村实用技术培训经费投入来看,除了 Y 县,整体上是在不断增加的。[①] 经费的增加一定程度上也表明了市级和县级扶贫部门对农村贫困人口能力建设的重视程度的加大。徐勇等人的调查发现,农民培训的距离远近对培训的参与意愿有很大的影响,直接影响农民参与培训的成本,认为在本村培训的最好的人数占到被调查农户的 80.54%,并且年龄越大越期望在本村培训,村庄就地培训成为农民的首选。[②]

农村实用技术培训目的是提高贫困村贫困户劳动力的科技素质和科技水平,促进产业发展。基层政府是"雨露计划"培训项目的实施主体,从基层政府的角度来说,其主要意图还是通过加大资金投入力度,从贫困人口的实际需求出发,提高培训的精准度,能够让农村实用技术培训尽量产生实际的效果,提高贫困人口的脱贫能力。如 Y 县扶贫办 JLM 所说:

> 以前是由各个培训基地到村里面,由培训基地自己安排培训,
> 对贫困村贫困户的要求没那么严。但是今年的精准扶贫,就是由

---

① Y 县由于个中缘由叫停了培训,但从访谈中可知,该县 2016 年的培训目标为 1 500 人,比前几年的培训任务也增加了不少。

② 徐勇:《中国农村咨政报告(2012 年卷)》,北京:中国社会科学出版社,2012 年版,第 202 页。

村里面提出来我需要哪一方面，然后是报到乡里面，由乡里面汇总以后报到我们这里进行审核。目前来说就是现在才刚开始弄，那个今年一直在建档立卡回头看，现在贫困户必须精准。

农村实用技术培训本来是要求贫困村自己提出申请，然后我们组织人来实施，他们需要啥技术，自己最清楚。但是作为我们政府部门呢，还是想方设法把这一块儿要弄好，毕竟国家投入这么多的资金，你弄不好，既浪费了国家的钱，老百姓也会骂我们的。你让老百姓自己申请，他们又不知道怎么弄，所以我们就主动下去，让这些培训学校下去联系村，根据老百姓的意见，看他们需要啥，我们就让学校培训啥，这样可能效果更好一些。（访谈记录：JLM-20160807）

在政府购买公共服务中一般把服务对象界定为市场上的顾客。那么，政府购买公共服务必须以顾客的满意和反应为基本原则。在实践中，政府需要让顾客自主选择公共服务项目，让顾客评价公共服务的质量并表达自己的满意度，将顾客的满意度及时反馈给代理者，以便及时回馈顾客的需求。从以上访谈可以看出，基层政府在满足贫困人口的需求方面，试图在寻求有效的办法，由政府单向的活动变为双向的互动，由村庄自下而上申请变为由政府（培训机构）自上而下联系贫困村贫困户，征求他们的意见和需求。Y县扶贫办只是给两个培训机构分配了培训的数量任务，但并没有要求培训的内容，这些内容需要培训机构深入贫困村，征求贫困户的意见才能确定。由此可以看出，Y县扶贫办对于农村实用技术培训的内容要求是从满足贫困人口的实际需求的角度出发的，从"给贫困人口什么就要什么"到"贫困人口要什么就送什么"，以期达到培训的较好效果。

一方面，上级政府扶贫部门要求农村实用技术培训的内容要紧扣培育和促进特色产业发展这一主题，结合脱贫规划和产业扶贫项目，重点选择有利于贫困户增收脱贫的实用技术，结合不同生产、服务、管理等环节和农时季节。但另一方面,基层政府扶贫部门把农村实用技术培训的任务直接委托给培训机构,由培训机构去征求贫困村、贫困人口的需求,然后根据参训对象的需求安排培训内容,并未引导或要求培训机构围绕贫困村产业发展开展培训。那么,培训机构征求意见的方式和选择培训的内容就尤为重要了。如 N 县扶贫办培训科 FSH 科长所说:

> 培训这个事,如果选题对路,群众还真想听呢,比如说我们去河北的一个村,讲红薯、辣椒,人家就认为班办得真好,就是时间太短,每一次班上都是这种笔记本,有好多这本记完还不够记;如果你要是选题不对路,那么群众真不想听。必须以尊重群众意愿为前提,但是群众的意见很难统一,我们在弄培训信息录入的时候,每一户都要跑到,而且还不止一次,那工作量大着呢,不是村干部说了就是那样。如果真统一不起来,有人让讲养羊,有人让讲红薯,没有办法,上面只让报一种,我们采取的办法是实际讲种植业,中间穿插讲养殖,报两项上边不同意,只讲一项群众不同意。我们认为好钢要用在刀刃上,6 天时间让群众听听很充实、很实用为前提,就保住这个原则。(访谈记录:FSH-20170203)

那么,这种以尊重贫困人口培训意愿为前提的培训内容征求方式,是否能保证培训学校与贫困村、贫困户特色产业的发展相结合? 能否就会产生实际的脱贫效果呢? 这些问题在第四章和第五章会进一步地详细分析。

三、政府在农村实用技术培训中的监督

在政府购买公共服务这一活动中,当政府将公共服务的生产职能委托给代理者之后,如果政府没有能力运用合同对代理者进行调控,政府就会失去对公共服务的控制,也无法保证服务的质量。从政府购买公共服务的管理视角来看,如果对代理者行为失去控制,将会是比政府本身提供服务的低

效率还严重的事情,因为政府毕竟是公共服务的提供者,仅仅移交的是公共服务的生产权,最终还要承担提供者的相应责任。因此,在政府购买公共服务中,政府在把公共服务的"划桨"职能委托出去之后还需要行使"掌舵"的职能,[①]进一步加强对代理者的监督和管理。

政府在监督和管理过程中面临的核心问题就是委托者与代理者之间固有的困境。在"委托—代理"关系中,由于信息不对称和主体利益的不一致性,在合同签订后会出现"逆向选择"的行为,即合同的一方拥有私有信息采取投机行为损害对方而获私利,其行为又不能被另一方在不付出代价的情况下观察到,即使观察到也无法证实,即产生代理问题。解决"逆向选择"行为的办法就是委托人加强监督和激励,保持委托者和代理者之间利益的一致性。

在农村实用技术培训中,政府的监督一般分为上级政府部门的监督和基层政府部门的监督两个方面。上级政府部门的监督一般采取加强培训基地管理、常规督查和随机检查的方式;而基层政府部门的监督除了这些监督方式以外,还包括加公开培训基地信息和社会监督等几种行为,这些监督行为共同发生作用以确保培训任务的落实。

(一)上级政府部门的监督

1. 加强培训基地管理

如上所说,政府职能部门一般通过培训基地的评定和建设把培训基地纳入本行业部门的管理体系,接受本行业部门的指导、监督和管理。如《农业部办公厅 财政部办公厅关于印发〈2013 年农村劳动力培训阳光工程项目实施指导意见〉的通知》(农〔2013〕36 号)对培训机构的管理就做了如下规定:

---

① 叶托:《超越民营化:多元视角下的政府购买公共服务》,《中国行政管理》2014年第 4 期。

各级农业主管部门要公开培训信息,主动接受社会监督。县级农业主管部门要在政府或部门官方网站公布阳光工程培训机构、培训对象、培训任务、培训时间、补贴标准和联系电话等,鼓励通过电视、报刊等其他媒体多渠道公布。[①]

河南省"雨露计划"培训基地实行每一到两年评定一次的工作,评定后的培训基地实行网上公开、动态管理和准入制度,并接受社会监督。河南省从 2011 年开始,先后四次公布了"雨露计划"培训基地的名单,并在年终根据领导重视情况、培训情况、就业情况和档案情况进行考评,对不合格的培训基地进行淘汰。《河南省 2014 年"雨露计划"培训工作实施意见》对培训基地的管理做了如下规定:

一是培训基地实行动态管理。对原有培训基地上年度培训工作完成情况进行考核,对出现违规违纪、培训任务完成不好、转移就业率低、培训条件出现大幅度滑坡的培训基地予以淘汰,保证培训基地的质量不降低。

二是严格执行培训基地准入制度。对新申请承担雨露计划培训任务的学校,严格按照培训基地的准入条件和标准进行考评认定,不达标不得吸收为雨露计划培训基地、不得承担雨露计划培训任务。[②]

《2016 年"雨露计划"农村实用技术培训工作实施方案》(S 贫〔2016〕8号)第四条"保障措施"中也做了如下规定:

---

① 农业部办公厅 财政部办公厅:《关于印发〈2013 年农村劳动力培训阳光工程项目实施指导意见〉的通知》(农〔2013〕36 号),http://www.moa.gov.cn/govpublic/CWS/201305/t20130503_3450792.htm。

② 河南省扶贫开发办公室:《河南省 2014 年"雨露计划"培训工作实施意见》,http://www.hnkfb.gov.cn/E_ReadNews.asp? NewsID=2258。

（一）强化资金项目监管

一是强化培训资金管理。县扶贫、财政部门要加强对资金项目的监管，确保项目惠及贫困人口，确保资金安全。按照《河南省"雨露计划"贫困劳动力培训财政补助资金管理办法》（豫财农〔2013〕241号）和《河南省财政扶贫资金县级报账制管理办法》（豫财办农〔2007〕291号）有关要求，严格扶贫资金的保障和拨付程序。

二是做到精准扶贫。按照国家要求，结合我县实际，培训工作主要针对贫困户中的劳动力进行培训，要认真审核补贴对象身份和培训时间，进一步优化培训结构，控制农村实用技术培训，使培训更加符合贫困人口的需要。

三是规范培训项目管理。继续坚持和完善"第一课堂"、毕业考试、项目检查验收制度，规范培训操作程序，健全培训档案，努力实现培训工作的规范化、制度化、科学化。

四是规范信息管理系统的使用和管理。要充分利用"雨露计划"信息管理系统，认真做好对受训学员信息的录入工作，确保每位学员信息资料准确、完整和真实有效，接受社会查询监督。

（二）加强对培训基地的管理

一是培训基地实行动态管理。对原有培训基地上年度培训工作完成情况进行考核，对出现违规违纪、培训任务完成不好、转移就业率低、培训条件出现大幅度滑坡的培训基地予以淘汰，保证培训基地的质量不降低。

二是严格执行培训基地准入制度。对新申请承担"雨露计划"培训任务的学校，严格按照培训基地的准入条件和标准进行考评认定，不达标不得吸收为"雨露计划"培训基地、不得承担雨露计划培训任务。

　　三是加大对省级"雨露计划"培训基地扶持力度。对管理规范、成绩显著的省级培训基地，在任务和资金安排上要给予重点扶持，积极支持培训基地做大做强，充分发挥其资源优势和示范带头作用。

　　四是突出特色和重点，强力打造品牌，努力提高培训就业的竞争力，树立"雨露计划"品牌形象。①

　　可以看出，加强管理是行政部门对培训基地监督的基本形式。通过公开培训基地和培训项目的信息有助于主管部门更多地了解培训基地的信息，减少信息不对称，也便于社会监督；行政主管部门通过对培训基地的动态管理和准入制度，能够对培训基地形成一种激励和惩罚机制，能让培训基地保持与其目标相一致的行为。

　　如 N 县扶贫办主任 SZW 对培训基地的监督与管理是这样说的：

　　　　每一个县都有省市县三级培训基地，县里面的培训基地是逐级上报，然后是省里面备案批复，前几年是一年一评，这两年是两年一评。我们县的两个培训基地都是县级培训基地，都是公开选的，有公示，我们县就这两所学校实力比较强，其他的都弱。它们跟我们扶贫办的关系就属于我们扶贫办管理的部门，它们有我们的（培训）业务，要接受我们的管理，它们得有课时计划、开班申请，得有花名册、签到册，每开一班我们都要去监督它。所以我们跟它们的关系是监督它、管理它，我们也有选择它们的余地，要竞聘选择，不是谁想培训就培训，你看着不中了就可以换它们。（访谈记录：SZW-20170203）

---

　　① S 县雨露计划培训工作实施方案：《2016 年"雨露计划"培训农村实用技术培训工作实施方案》（S 贫〔2016〕8 号）。

2. 上级政府部门的督查

"雨露计划"的培训任务虽然由县级扶贫部门具体负责实施,但是上级扶贫部门仍然具有督查的权力。国务院扶贫开发领导小组《关于改革财政专项扶贫资金管理机制的意见》(国开发〔2014〕9号)对扶贫资金的管理提出了如下要求:

> 地方各级政府要把财政专项扶贫资金作为监管的重点,建立常态化、多元化的监督检查机制。财政部、审计署以及其他资金使用管理相关部门要加强对各地监管职责落实情况的追踪问效,适时组织开展财政专项扶贫资金绩效监督。各级政府相关部门要完善业务流程设计,实行全程监管。①

为了打赢脱贫攻坚战,中央强化脱贫攻坚领导责任制,要求层层签订脱贫攻坚责任书和落实责任制。我国的扶贫开发工作实行中央统筹、省负总责、地市监督、县抓落实的机制,随着精准扶贫的深入推进,县级政府在扶贫开发工作中的地位越来越重要,权力也越来越大,而对县乡政府及村庄的监督也越来越多,各种各样的督查和检查随之而来。就农村实用技术培训而言,县级政府和培训基地起码要接受省委、省政府巡查组和省扶贫办的业务检查。如Y县扶贫办副主任JLM所说:

> 精准扶贫现在压得很紧,检查也越来越多。有国家督察组的,有省里巡查组的,有市里督查组的,还有省扶贫办的检查。各种检查都要求很严,查得很细,这些工作做不扎实,就会出问题。我们也要去下面检查,看有没有问题。就实用技术培训这一块,2016年

---

① 国务院扶贫开发领导小组:《国务院扶贫开发领导小组关于改革财政专项扶贫资金管理机制的意见(国开发〔2014〕9号)》,http://www.cpad.gov.cn/art/2014/8/8/art_46_72584.html。

目前是职教中心培训了两期,技工学校培训了三期或四期,因为中间培训了之后,这个省委培训巡查组来巡查咱县,这个扶贫专项巡查出现问题之后马上就停了,说是骗取,或者是利用这个扶贫机制这种行为,认为培训的有80人可能其中50人属于贫困户。另外,贫困户参加培训期间,可能中途会请假一天,人家就针对这个来落实,如果真的只培训了五天,那就按照五天的钱来发,所以咱前期出现这个之后马上就停了,停了之后针对这些问题进行整改。(访谈记录:JLM-20160807)

通过对 Y 县扶贫办副主任的进一步访谈得知,省委巡查组查出的问题是农村实用技术培训对象不精准,认为农村实用技术培训参与的培训对象中有非贫困户。Y 县扶贫办副主任对此事做了解释,认为2015 年度该县已经完成农村实用技术培训,而省委巡视组巡视时已经是 2016 年 6 月,刚好是 2016 年度建档立卡回头看之后,此时已对贫困人口进行了动态调整,原来的贫困户有部分已经脱贫,从政府扶贫数据库中退出。而省委巡视组是以当前的建档立卡贫困户为准,因此出现了非贫困人口参与、培训对象不精准的情况。对于此问题,从 Y 县职教中心的负责人 TZY 那里也得到了证实:

(2015 年)总共给了 800 人,没有完成任务,是系统比去年来说要求要精准了,原来那个系统它可能跟这个实际情况有点出入,比如原来我培训的是,但是系统认定的结果为不是。到年底,总共培训了 2 000 多人,2 400 多人,但是认证这个,因为去年的系统调整得非常厉害,开始时(认证的有)900 多人,但是系统(最后)认定的是 624 人,等于是去年没有完成任务。确认为不是,这个对于我来说,我说一下我自己的看法,作为我们学校讲课的来说,应该说精准是最好的,我们先把这精准的都给他动员来,但是非精准的、不是(贫困户)的想去听课,也应该欢迎。所以说,是(贫困户的),我们让听,不是(贫困户的),我们也欢迎。这个在讲课中间,大部分都是贫困户,但是呢,也确实有一部分,他不是贫困户。所以说你看我们去年的名单里面2 000多人,最后认证的是900多人,精准了以后只有600多人。(访谈记录:TZY-20160810)

可以看出,随着上级党委和政府对精准扶贫责任落实的督查,确实能够通过专业的督查发现基层政府和培训机构存在的代理问题。如果培训机构在实践中以非贫困户的名义冒领或者套取培训经费,那么上级政府通过实际的调查也能够发现问题。如Y县技工学校的负责人所说:

现在上级的检查很严,一般都要进村入户。他们拿着提前抽好的名单,想调查谁就调查谁,不是我们说了算。而且还不让我们跟着,他们单独和老百姓谈,问是不是参加培训了,效果如何,问得很细。如果造的名单里有他,他没参加培训,那一问就问出来了,这一块根本就不敢胡来。有时候老百姓他确确实实全部参加了培训,但又不记那个(培训)时间,时间长了就忘了,上面检查问参加了几天,他又说不清楚,有时候给我们的工作也造成很大的麻烦。(访谈记录:ZGF-20161010)

(二)基层扶贫部门的监督

基层扶贫部门是农村实用技术培训的委托者和监管者,对培训的过程和效果有直接的监督权力。在精准扶贫的背景下,县级扶贫部门一方面要确保资金、时间和对象精准,把培训经费使用在培训上,建档立卡的贫困人口能够真正享受到规定时间的技术培训;另一方面要使培训有真正的效果,提高贫困人口的能力。如N县扶贫办主任SZW所说:

它这个农村实用技术培训大概几年以前,没有精准扶贫的时候,各级扶贫资金比较紧张,有的地方把培训经费用到其他地方了,挪用了,后来出事了。后来中央电视台2010年左右曝光过"阳光计划""雨露计划"套取资金这个现象,后来我们对"雨露计划"培训经费把控比较严。第一,首先保证这个扶贫办不花它这个钱,经费(现在)也宽松了,也不花它这个钱,学校也不能造假册子,你比如说是50个人吧,实际参加了30个人,报20个是假的,这是套取或骗取,首先你不能弄这个假册子;第二个就是说本身是贫困户培训7天或者是6天,你不能说培训了4天,那3天没有也属于骗取。现在省审计厅来审计几回了,审计的时候人家就是在你这办公室,给你这名册拿过来,后头有(培训人员)的电话,一个一个打电话问,一打就是几百个电话,问你培训了没有,培训了几天。我们也是保证它这个培训的时间,你比如说你是河南,它是河北,①时间上你今天开班了,它就不能再开班了,同时开班,我们没那么多人(去监督),你上午开班,它下午开班,或者你今天开班,它明天开班,错开时间。为啥呢?你开班的时候我们都要去现场去看看,去看看它的教案、花名册,是不是这些人参加,每开一个班,我们的人都要去看看、讲讲,这样不至于它们弄虚作假。(访谈记录:SZW-20170203)

基层扶贫部门的监督分为常规检查和随机检查两类。常规检查是政府管理扶贫项目的规定性程序,一般包括出席开班仪式,派专人讲解扶贫政策,核实学员情况;培训结束时参加结业仪式,听取培训对象建议;在结项前或结项后对扶贫资金的使用情况进行财务审查。就Y县农村实用技术培训的常规检查,至少也包括了这些环节和过程。如Y县扶贫办副主任JLM所说:

① 该县有一条河穿县而过,把县城分为河南和河北两大区域。

我们每期都要下去宣传和检查。首先,开班的时候扶贫办和财政局的人都要去一两个,要把这个培训的政策给老百姓讲清楚,我们搞培训的目的是什么,要让老百姓知道我们农村实用技术培训是国家给他们提供的免费的培训,是要让他们学点知识,种植啊、养殖啊什么的。现在说实话,有些贫困户他就是不动,有的怕骗,这个我们政府的人下去就是要给他们讲清楚这些政策;再一个,我们去了也是检查一下,看它们(培训机构)前期准备的情况,是不是把老百姓动员起来了,参与的情况咋样,是不是都是贫困户,他的教材、资料准备的是不是齐全。我们一般都要听这么一两次课,问问老百姓的意见,看是不是实用、能不能用得上啊;结业的时候我们也要去,这是正常的程序,但是呢也可以下去问问培训的效果,看老百姓有哪些意见。(访谈记录:JLM-20160807)

随机检查则是基层扶贫部门不定期的到培训机构和培训现场进行突击检查,以督促培训的有效实施和检查培训中存在的问题。一般来说,农村实用技术培训的周期为6天,时间较短,县扶贫部门不可能每个培训班都去检查,但是也会随机抽取正在开展的培训班进行突击检查以便发现问题和加强监督。县级扶贫部门如Y县扶贫办JLM所说:

它也会有这方面的因素(代理问题),但是我们这两年的要求就是说,你必须达到一定的效果,让老百姓真正能学点这个真东西,就是他(贫困户)自己假定弄这个养殖吧,他要知道如何来防疫。培训基地这一块,它们无形当中也是在创收,一个是创收,再一个无形当中也是在宣传它自己,它们站的角度不一样,咱是要求它的每一期培训的6天时间,包括学员的参加,包括影像资料,教案这一些,必须都得齐备。我们也会随时下去抽查,不会告诉他们的,看(贫困户)是不是都参加了,如果你报的是30人,少一个人我们就要扣他 100 元①,同时我们也要下去问问贫困户,问他们对培训的看法和效果如何。(访谈记录:JLM-20160807)

培训学校的负责人 TZY 是这样认为的:

中间人家县扶贫办抽查,这个时候是不定的,为什么说是不定的? 人家就是我不跟你说我什么时候去检查,你上课吧,前期你去这个村里动员,然后你说这个月 10 号开始,15 号结束,6 天时间,这 6 天的时间我不跟你说我哪天检查,检查的时间是这样,只检查贫困户,因为精准了嘛,我只检查贫困户来了多少,非贫困户不算。还有个情况,就是他们当班主任的都知道,比如我晚来了一会儿,让签名不让,我早走了一会儿,比如家里面(有孩子)上幼儿园,得接孩子回来,叫走不叫走,叫接不叫接,这是我们在下面的在实际的培训中间遇到的问题。如果说不做这项工作,就不知道中间存在什么样的问题,做了这个工作,才知道中间存在了什么样的问题,就像我们现在班里上课一样,我们也是当老师的对不对? 比如说我们班里 50 个人,我觉得大学里面也应该有部分学生说老师我今天请假,我有什么事,你叫他请假不叫? 对不对? 我肚子疼,我有病,我有病叫我请假不叫? 有些可能是真的,也有些可能是假的,但是你说你请不请,你叫不叫? 是不是? 听课肯定有个到课率,但是扶贫听课到课率肯定是比较严的,你不准请假。那天扶贫办检查的时候,财政局也去人了,小胡也去了,裴主任也去了,高书记也跟着,②结果我们检查的时间人家村里有个大姑娘结婚,结果有 4 个人还是几个人去吃桌了,跟不上,(他们)天天听课,就那一会儿没有来,没有来不能算,最后高书记还跟那 4 个人(检查人员)

---

① Y 县扶贫办按每个贫困户参加 1 天培训给予培训学校 100 元的补助。
② 小胡、裴主任为 H 培训学校教师,高书记为驻村第一书记。

说,你们等一会儿吧,他们(检查人员)检查差不多是三点嘛,去得有点儿早嘛。他们(未到的贫困人口)这4个人,我真是天天在这儿看着,他们天天来,就这一会儿不在,最后去了两三个,去的这几个人把名字签上了,算上了,没有去的人,没签就不算了。但我还是很理解他们的这种检查方式,随机检查,告诉我们了怕我们作假,其实也是督促我们,还是为了真实、精准嘛!(访谈记录:TZY-20160809)

作为政府扶贫部门来说,在农村实用技术培训中同时面对着两个主体:贫困人口和培训学校。面对贫困人口,政府扶贫部门为了能够满足贫困人口的需求,变自下而上申请为要求培训学校自上而下深入贫困村,征询贫困人口的意见;面对培训学校,政府扶贫部门试图通过严格的监督,减少培训过程中存在的代理问题,努力提高培训的质量。虽然农村复杂的情况给培训的组织工作带来了一定的困难,但是这种严格的检查形式也对培训机构一定程度上起到了监督的作用。

在培训效果的评价上,在贫困影响评价的因果链条上,一个扶贫项目的影响评价至少包含项目的投入、活动、产出、结果和最终影响等环节,也就是说在对农村实用技术培训效果的评价上,最终的影响应该是使这些技术转化为贫困人口能力的提升,并提高他们的收入。一般而言,评价政府购买公共服务项目的绩效主要有描述项目内容完成情况与判断项目产生的影响和效果两个方面。描述项目内容完成的情况,即客观地描述项目是否按照合同规定的内容执行,将委托方实际完成的与项目有关的工作呈现出来,解决的是“做了什么”的问题,如培训的班次、数量;判断就是在项目完成的工作内容的基础上对项目的整体效果和影响进行评价,解决的是“做得怎么样”的问题。然而在现实工作中,农村实用技术培训成效的考核上政府和培训机构的总结报告中往往会以当年培训了多少人数,培训了哪些内容,深受培训对象的一致好评之类的措辞作为培训效果,即以项目的投入、活动和产出作为效果评价的指标,仅仅停留在公共服务项目绩效评价的第一个层面,基于此都会给出培训效果明显、培训对象满意的结论,以参训学员的人数和满意度来代替培训效果的现象。S 县 2013—2016 年"雨露计划"农村实用技术培训工作总结中是这样总结的:

一、目标完成情况

2013—2016 年,我县共三个"雨露计划"培训基地,分别是 S 县中等专业学校、S 县教师进修学校 LCL 中专,承担扶贫"雨露计划"农村实用技术培训任务共计 6 051 人,其中 2013 年度培训农村实用技术学员 515 人,2014 年度培训农村实用技术学员 1 668 人,2015 年度培训农村实用技术学员 1 668 人,2016 年度培训农村实用技术学员 2 200 人。

二、主要做法及成效

为了保证培训工作取得实效,我们按照上级要求制订实施方案,明确任务,由各培训基地具体负责落实,在各培训基地的全力配合和努力下,培训工作进展顺利,培训工作取得了一定的实效。

授课形式灵活多样,保证授课质量。通过举办培训班、送教下乡等形式开展培训,采取集中的方式进行。在培训过程中采取课堂授课与参观学习相结合、实地讲解与课堂教学相结合、师生互动与小组户中相结合等灵活多样的授课方式,因地、因时、因人制宜,既有教师对症下药,手把手教,又有"洋专家"现身说法,面对面讲。在这种特殊的教学现场,尽管每年培训时间天气寒冷,但学员们依然听得兴致高昂。特别是在每次组织的参观考察活动中,专家们现场讲解了现代标准化养殖场建设、现代化设备设施应用、有机生态养殖循环模式等方面的知识,更让学员们感受到了现代化养殖业的氛围,开阔了视野,增长了见识,提升了技能。

通过培训,许多学员感叹地说:"虽说搞养殖几十年了,那只能算是土办法养殖,设备原始落后不说,靠自己摸索的老经验显然不再靠谱了。"这次走出来参加培训,向"洋专家"面对面请教,面对面取经,受益匪浅,同时也更坚定了他们走规模化特色养殖的决心。培训班结束后,很多学员都说:"这次培训受益匪浅、感受颇深,不仅让我们充实了更多的理论知识,更让我们开阔了视野,更新了观念,触动了内心。无论是从听课到交谈,还是从所听、所见到所闻,每时每刻、每一堂课,都让我们收获了很多知识"。①

L县某培训机构"雨露计划"总结中对农村实用技术培训的效果也是这样介绍的:

　　在县委、县政府的正确领导下,在省、市扶贫办的大力支持下,我们按照有关"雨露计划"培训工作要求,认真开展"雨露计划"职业技能和劳动力转移培训,我县的扶贫培训工作取得了一定成绩,按照上级工作部署较好地完成了年度责任目标,全年累计完成雨露计划培训任务××②人,占年度任务的126.6%,其中农村实用技术培训××人,占年度任务××人的148.3%,培训合格率达95%以上。这项工作的顺利进行,使我县贫困人口的综合素质和脱贫致富能力得到了积极的推动作用。

　　教师在授课过程中认真负责,准备充分,对学员所提的问题有问必答,学员对授课老师的知识理论水平、语言表达能力、指导实践能力、教学方法技巧、准备工作表示满意。在培训内容方面,学员表示本次培训内容符合他们的需求,比较全面,信息量大,实用性高,对他们发展农业项目,实现脱贫致富有很大的帮助和启发。③

---

① 《S县2013—2016年"雨露计划"农村实用技术培训工作总结》。
② 为了保密,特省略以下数字。
③ 《L县CR职业技术培训学校"雨露计划"实用技术培训班总结报告》。

那么,贫困人口对培训实用性的满意度较高,是否意味着这种培训就产生了较好的实际效用呢?情况并非如此。调查发现,贫困人口对技术培训的需求模糊不清,参与培训的心态主要是"接受培训总比不接受好,反正没什么坏处""培训机构讲什么就听什么"。因此,对于这些贫困户来说,培训内容的好坏和实际培训效果并不是完全相关的,他们对培训效果的理解是表面性的,并不是从自身能力的提高和产业发展的角度去考虑的。面对免费的培训,无论培训内容是什么,他们都很可能会给予较高评价,而且有可能与自身的种养殖结构根本就不相关。例如,L村参与培训的贫困户中没有一户养羊,但却有8人认为养羊技术培训"很实用"。

四、农村实用技术培训的验收与结项

农村实用技术培训结束后,需要经过县扶贫办的验收后才能结项并支付培训经费。《河南省财政专项扶贫项目管理办法(试行)》(豫扶贫组〔2015〕4号)对"雨露计划"中实用技术培训的验收和结项的规定是很简单的,即培训基地完成培训任务后,即可进行报账。那么,在实际中农村实用技术培训的验收需要实现哪些目标和达到哪些效果,需要经过哪些程序才能结项,是否对培训基地的执行行为具有监督的作用呢?

中国的行政管理体制实行的是通过上级政府向下级政府下达指标、分解任务、量化考核的目标责任制的"压力型体制"。[①] 一方面上级政府要保持自己的权威治理就必须加强监督和管理,但在漫长的科层制管理链条中由于监督的困难和信息的不对称,必然采取既复杂又有"效率"的方式。但实际上上级政府越是强调行政的高效率,就越会在技术设计的复杂化上付出沉重的代价;越是技术设计的复杂化就越会导致对地方监督的形式化和"选择性关注"倾向,即上级政府会倾向于把具有清晰性和简化性的"数字型任

---

① 荣敬本、崔之元、王栓正等:《从压力型体制向民主合作体制的转型:县乡两级政治体制改革》,北京:中央编译出版社,1998年版,第28页。

务"和"问题型任务"指标放在首位。① 从以上部分的分析可以看出,县扶贫办对农村实用技术培训所要实现的目标是较为明确的,即完成上级扶贫部门所下达的培训数量;但所要达到的效果却是笼统而又模糊的,因为农村实用技术培训的目的是提高贫困人口的能力,但这种能力的提高是无法量化和观测的,而在实践中的表现就是让贫困人口对农村实用技术培训的评价代替培训的效果,即贫困人口的满意度就成为农村实用技术培训效果的直接表现。Y县扶贫办副主任JLM和职教中心负责人TZY对农村实用技术培训的效果谈了他们自己的看法:

　　这一块儿,整体来说效果不是特别明显,这个主要是时间比较短嘛,再一个就是,有些为难,就像前年去一个村培训,他要种植牡丹,种植牡丹从一开始的种植,到田间管理,这个是有针对性的,关键咱就(必须)是在贫困村,真正有这种培训愿望的群众比较少,所以说你真的想培训(有效果)的话,这个有点……咱这一块农村实用技术培训,你必须达到一定的效果,让老百姓真正能学点这个真东西,就是他自己假定从事这个养殖吧,他要知道如何来防疫。

　　咱是要求他的每一期培训的6天时间,包括学员的参加,包括影像资料、教案这一些,必须都得齐备,培训效果这一块,总的大面积来说效果可能不是太明显,但是我们检查还是要问问老百姓对培训的一些看法,他们满意不满意,对培训还有哪些看法和建议。只要老百姓满意了,我们觉着也就算是有效果了。(访谈记录:JLM-20160807)

　　一方面,县扶贫部门清楚农村实用技术培训由于时间短,贫困人口需求少,很难产生实际的效果;另一方面还得督促培训机构通过培训产生一定的

――――――――

① 王汉生、王一鸽:《目标管理责任制:农村基层政权的实践逻辑》,《社会学研究》2009年第2期。

效果,而培训效果的依据就是贫困人口对农村实用技术培训的满意度。

"雨露计划"属于财政扶贫项目,根据财政扶贫资金管理办法,扶贫项目的申请需要基层扶贫部门根据实际情况与财政部门共同商议并报基层政府扶贫开发领导小组备案或者报财政部门备案。根据访谈,Y县扶贫办副主任指出"雨露计划"项目都是和财政部门一起商议规划的。因此,农村实用技术培训需要县扶贫部门和财政部门一起验收合格才能结项并报账。结项时由培训基地提出结项申请,县扶贫办和财政部门共同检查培训基地的培训档案,核实学员情况,征求学员建议等,对验收过程中发现问题或者验收不合格的,要出具整改通知并督促整改到位。Y县职教中心负责人TZY谈了关于验收的一些细节:

> 这个人家程序要求是非常严格非常复杂的,前期我们要联系精准扶贫户,去年那个非常复杂,有些是有些不是,不是的那些你给他去掉。(身份证)我们现在都不敢拿,群众很激动,我们就只好复印下来,我们跟老百姓解释就是说我们来培训了上级有要求,对不对,培训的谁,上级他得知道这个事啊对不对,因为这个检查不光是扶贫办去检查的,财政局要检查,几个部门,不是我一个部门去,是三四个部门联合检查。然后你完成这个一整套体系,学员申请表、大队的协议,将来大队要出证明盖章的,学员签名、照相,上课中间有照相,结业有照相。现在社会上诈骗的多,老百姓也很警惕,你让他签名,他还要问一大堆,说是不是骗国家的钱,我得给他们解释。你让没有培训的去签名,那不可能! 因此,这一块是实实在在的,签了名的都是培训过的,这个一点都不敢造假!(访谈记录:TZY-20161010)

综上所述,农村实用技术培训是由政府主导的贫困人口能力建设项目,目的是提高贫困人口的科技文化素质和产业发展水平。政府把农村实用技术的培训任务直接委托给培训基地,要求培训基地自上而下地去联系贫困村贫困人口,征询贫困人口对农村实用技术培训的意见,了解贫困人口的需求,要求以贫困人口对实用技术培训的实际需求为培训内容,只要"贫困人口需要什么就培训什么",从而满足其需求,以期提高贫困人口的能力。为防止培训机构代理行为的发生,政府在培训过程中通过对培训基地的管理、考核、检查以加强监督。从政府的这一行为逻辑来看,本无可厚非。但是贫困人口的需求是否会与以特色产业发展为目标的农村实用技术培训的目标相一致呢?如果不一致,传统产业的培训会起到良好的效果吗?"贫困人口需要什么就培训什么"从表面上看,只要贫困人口提出农村实用技术培训的需求,培训机构如果满足这些需求,那么这一任务就圆满地完成了。这种"贫困人口需要什么就培训什么"的需求满足机制是否就是合理的呢,也就是说满足了贫困人口的需求是否就能真正提高贫困人口的能力呢?从下面两章的内容分析可以看出,这种机制虽然看似是十分合理的,但却并不一定产生实际的效果,也未必能够带来较好的脱贫效果。

第三章　培训机构在农村实用技术中的执行过程与行为逻辑

培训机构是农村实用技术培训任务的直接承担者和服务的直接生产者。政府把农村实用技术培训的任务委托给培训机构后,培训机构直接联系贫困村、贫困户,根据贫困人口的需求开发培训内容。因此,培训机构的执行过程有可能直接影响农村实用技术培训的效果。作为代理者,培训机构又是一个独立的主体,有其自身的利益、目标和行为逻辑,它们会与政府的目标一致吗? 会不会存在代理问题? 这是本章要解决的基本问题。

一、培训机构在农村实用技术培训中的行为目标

(一)代理人目标的理论分析

在公共服务的委托代理关系中,政府把公共服务直接委托给代理者,从而实现公共服务提供者和生产者的分离,委托人和代理人就公共服务的内容、要求和报酬达成一致。由于委托者往往掌握政策资源信息,而代理者拥有私人信息的优势,因此,在委托代理关系中,双方的目标函数、信息地位是不同的。由于目标函数、信息地位的不完备性或不对称性,代理者在给定的条件下采取利益最大化的行为,委托人又难以观察和监督,很容易产生委托代理问题。

代理问题的出现,必须具备四个基本条件:一是,委托人与代理人的主体目标不一致或存在较大的差异,代理者往往为了自身的利益而损害委托人的利益。二是,信息不对称性,代理者比委托者更了解合同和经营管理方

面的具体信息,而委托人对这方面的信息的了解远不如代理者,道德风险是合同签约后机会主义的一种表现,道德风险会严重影响委托代理关系中双方忠实地履行合同条款。三是,委托代理合同的不完备性,由于主客观因素的存在,对合同条款的全面考量几乎是不可能的,而且对外部环境和人类活动的复杂性的考虑不周,合同的不完备性往往超出人们的预期;合同中也无法保证当事人双方都会忠实地履行合同,合同的不完备性也会给投机行为提供机会。四是,委托者很难对代理者的行为进行全面的监督,如果全面监督将付出沉重的代价。因此,在公共服务外包过程中,委托者和代理者都是具有主观能动性的主体,代理者自身的目标和利益不可能与委托者的目标保持完全的一致,这种不一致性必将对公共服务的质量和效果产生一定的影响。公共服务外包同时也会造成社会不公平的风险,从理论上讲,公共服务中的客体都会均等地享受服务的内容,但是代理者往往会把商业精神带到具体的服务之中,"嫌贫爱富"必然会产生,那么弱势群体的利益必将受到损害,公共服务的不公平性也将产生。①

(二)以完成培训任务和贫困人口满意为目的的行为目标

在农村实用技术培训中,培训机构(基地)是培训任务的直接承担者,根据以上的分析,作为农村实用技术的代理者,其目标的不同会直接影响培训的效果和质量。那么,培训机构在农村实用技术培训中的目标是什么? 是否与政府的目标相一致? 如果不一致,会对农村实用技术培训的效果产生哪些直接的影响呢? 从调研情况来看,培训机构在这一培训过程中的目标主要是完成政府委托的数量任务、确保教学质量,但也会从自身的利益出发权衡各方面的因素。

1. 完成政府委托的数量任务

政府扶贫部门一般会把本县年度农村实用技术培训的任务直接分配给

---

① 詹国彬:《公共服务合同外包的理论逻辑与风险控制》,《经济社会体制比较》2011 年第 5 期。

培训机构,在划分区域的前提下只分配培训的数量,但不指定培训的内容,需要培训机构深入贫困村,征求贫困户的需求,然后确定培训的内容。

《河南省扶贫开发农村实用技术培训指导意见》对农村实用技术培训做出了以下指导意见:

一、培训对象和目的

……开展扶贫开发农村实用技术培训的目的是培育和促进特色产业发展,带动贫困人口增收脱贫。

……

三、培训内容、时间和形式

培训内容要紧扣培育和促进特色产业发展这一主题,结合脱贫规划和产业扶贫项目,重点选择有利于贫困户增收脱贫的农村实用技术开展培训。要结合不同生产、服务、管理等环节和农时季节的需要,合理确定培训时间和内容。通过聘请专家或技术人员传授实用技术,破解产业发展中存在的技术、经营和管理难题。培训形式要灵活多样,因地制宜,注重效果。[①]

作为政府来说,对农村实用技术培训的任务目标在应然上是清楚的,就是要紧紧围绕培育和发展特色产业这一主题,结合农村实际和农业生产实际,破解产业发展中存在的技术、经营和管理难题。如 N 县扶贫办主任 SZW 所说:

我们与培训学校签订的有合同,并把任务分配给他们,到年终必须完成任务,要求他们结合农村发展的实际,培训要跟着产业扶贫项目和科技扶贫项目走,今年开展了产业扶贫项目和科技扶贫

① 河南省扶贫办:《关于印发〈河南省扶贫开发农村实用技术培训指导意见〉的通知》(豫扶贫办〔2016〕73 号)。

项目的村要重点培训,这样才能产生实际的效果。(访谈记录:
SZW-20170103)

虽然,基层政府扶贫部门对培训机构提出了明确的要求,但是在委托的
实际操作中基层扶贫部门只分配培训的数量任务,而不指定培训内容的前
提下,让培训机构去联系贫困村和征求贫困人口的做法,是否能够确保培训
机构按照政府的意志去完成任务呢? 从访谈的实际情况来看,培训机构首
要的任务就是完成培训的任务数量,培训机构需要根据农村的实际情况来
确定培训任务是否在某一个村开展或者继续下去,而不是紧紧围绕或者刻
意围绕产业扶贫项目、科技扶贫项目而开展。如 Y 县职业教育中心的负责
人 TZY 所说:

　　我们下去联系,你首先得有学员,是吧! 我们得问村里面需要
培训什么,有的村人多,有的村人少,那么,首先就选人多的村先开
展,这样好组织啊,你 10 个人我得讲这些内容,30 个人也得讲这么
长的时间,当然 30 个人好啦! 村里面参加的贫困户越多越好,这样
我们好完成任务,也少跑点路,老师们也轻松。另外,我们还要考
虑村干部的能力和村里面的关系,大前年的时候我们培训一个村,
村里面就培训不成,为什么培训不成呢,那时候刚好是村里面这个
领导班子选举,你农村出来的你知道这个选举的时候矛盾是非常
突出的,所以我们下去做就做不成,做不成我们就撤;农村情况是
非常复杂的,农村情况是千差万别的,复杂到什么程度呢? 比如说
我们两个在一块儿,我是贫困户,他不是,这种情况下他(非贫困
户)就会找上来:"为什么我不是(贫困户),为什么他是(贫困户)?
我家的房子跟他家的一模一样,他家的孩子跟我一样多,他吃的东
西比我还好,他穿的衣服比我还好,为什么我不是?"这样子教学就
没法弄。(访谈记录:TZY-20160807)

可以看出,县级扶贫部门把农村实用技术培训的任务分配给培训机构后,除了形式上的监管(出席开班仪式、随机检查出勤人数)外,对培训的内容已不再做过多的要求。只要培训机构设定的培训内容是征求了贫困村、贫困人口的意见和建议之后形成的即可,也就是说,对于县级扶贫部门来说,培训的全部内容包括培训的效果已经完全交给了培训机构,自身只负责监督的职能,培训质量和效果如何那就是培训机构自己的事情了。如 N 县扶贫办主任 SZW 所说:

> 把培训交给这两所学校,就由它们来负责实施,我们只负责监管,如果培训学校负责、认真,按照老百姓的要求来弄,效果估计比较好,但是培训学校不好好上课,内容脱离实际,那肯定质量不好。
> (访谈记录:SZW-20170103)

在学术界,对于政府购买公共服务中提供者和生产者的分离带来的政府逃避责任的批评也不乏存在,认为在购买公共服务后,委托者会把公共服务的质量责任全部推到代理者身上,从而与自己撇开关系以逃避公共服务的责任。

河南省农村实用技术培训班的时间一般为 6 天,按照每个贫困人口每天100 元的标准给予培训基地补助,这些补助包括聘请专家和技术人员的授课和指导费用、交通费用、教材费用、场地使用费等。[1] 从豫西四县 2015 年和2016 年的培训任务和经费(表3-1)来看,除了 Y 县 2016 年度农村实用技术被叫停外,[2]每个培训基地每年至少可以有十几万到七十多万不等的培训经费。

---

[1] 河南省扶贫办:《关于印发〈河南省扶贫开发农村实用技术指导意见〉的通知》(豫扶贫办〔2016〕73 号)。

[2] Y 县 2015 和 2016 年农村实用技术培训的原有任务均为 1 500 人,职业教育中心为 800 人,技工学校为 700 人,按照每人每天 100 元计算,职业教育中心的培训经费为 48 万元,技工学校的培训经费为 42 万元。

表 3-1　2015—2016 年豫西 4 个县农村实用技术培训任务和经费表

（单位：人、万元）

县	培训基地名称	2015 年度	培训经费	2016 年度	培训经费
Y 县	Y 县职业教育中心	624	37.44	128	7.68
	Y 县技工学校	619	37.14	281	16.86
L 县	L 县中等职业学校	1 300	78	1 000	60
	L 县 CR 职业技术培训学校	–	–	775	46.5
N 县	N 县 LT 培训学校	377	22.62	600	36
	N 县信息技术中等专业学校	350	21	600	36
S 县	S 县中等专业学校	1 000	60	800	48
	S 县教师进修学校	334	20.04	200	12
	L 市 CL 中等专业学	334	20.04	1 200	72

笔者根据对 N 县信息技术中专负责人进行了访谈，对 2016 年农村实用技术培训班的开支做了详细记录。N 县信息技术中专是这样介绍各项开支的：

N 县"雨露计划"农村实用技术培训费支出项目情况①

一、房租：培训基地需要办公室，办公室工作人员需要宿舍、厨房等，这些均需要租房。房租一年大概需要 2.5 万元左右。

二、办公费：培训基地需要办公设备、办公用具、材料、打印等，全年需要 2.5 万元左右。

三、宣传费："雨露计划"是党的扶贫工程，需要大力宣传，宣传需要资料，下乡需要用车等。此项需要费用大约 1 万元左右。

---

① 笔者根据对 N 县信息中专负责人的访谈录音整理而成。

四、教材费:学员参加培训需要教材、学习资料等,此项开支需要 1 万元左右。

五、工资及讲课费:培训基地工作人员全年下乡宣传、组织培训等,需要发放工资。培训班专业老师讲课需要讲课补助。工资及讲课费全年需要 22 万元左右。

六、购买工具:教学实践需要工具,例如果树管理实践课需要果树剪及锯等,此项开支需要 0.25 万元左右。

七、下乡租车开支:工作人员、专业课教师等下乡宣传、开班培训需要租车。此项开支需要 2.5 万元左右。需要说明的是,工作人员下乡宣传无数次,需要租车,每班开班前反复下乡宣传,动员做开班前的准备工作,开班后,工作人员、讲课老师等人员前往办班培训地点都要租车。

八、餐费:工作人员下乡宣传,开班培训期间工作人员、讲课老师用餐,此项开支需要 1 万元左右。

2016 年我基地共办培训班 10 期,培训学员共计 600 人。共享受培训费 36 万元,平均每期培训班需要开支 3.2 万元左右,总算账,培训费略有结余,结余部分可作为下一年"雨露计划"培训开支垫底,以更好地完成上级交给的培训任务。

访谈中可以发现,培训基地对于每年的实用技术培训的事情还是较为重视的,因为这些补助对于一所中等专业学校来说,虽然不多但是也不少。从 N 县信息中专的费用支出中可以看出,每年的培训费用结余并不是很多。由于调研过程中受各种条件的限制,笔者无法仔细获取各项支出的财务数据,只是根据该校负责人的口头介绍获得这些支出数据。如第五项"工资及讲课费"一项,N 县一年的支出就为 22 万元,每期为 2.2 万元。根据笔者对 Y 县职业教育中心某培训班的调研获知,该培训班共投入师资 5 名,每天 6 节课,每节课按照 10 元的标准发放培训补助,6 天共支出讲课费 360 元。如果即使 N 县按照 50 元的标准发放课时费,6 天才共计 1 800 元,其余的 2.02 万元则为工作人员的宣传、组织费用,应该是比较高的了,而且第三项和第七项的下乡宣传和租车费用有重复之处。因此,笔者判断 N 县信息中专的费用支出介绍有偏高之嫌,对他们来说培训补助实则还是一笔不少的收入。另外对于培训机构来说,由于每次培训班的时间长短和基本成本是固定的,因此在同一个村庄内完成较多的贫困人口培训数量可以为其节省较多的成本。对于这一点,Y 县职教中心的负责人直言不讳:

> 对于我们学校来说,培训本身就是额外的,是扶贫办下达的任务,我们也是它们的培训基地。说实在的,我们是教育机构,但也不会免费培训或者赔钱,不可能不赚钱,每年的培训经费也不少,多多少少会赚点,我们也得留点,这样我们才有积极性。一个村里来的(贫困人口)越多,我们赚的就相对多一点,你 10 个人是讲,30 个人也是讲。(访谈记录:TZY-20160807)

同时,笔者在调研的过程中也发现了培训机构为了一味地追求培训的数量,而不顾贫困人口的文化、年龄、健康等状况的问题。对于培训机构来说,只要是建档立卡的贫困户和贫困人口并参与了培训,都可以统计在册,领取培训补助。如 W 村参加培训的贫困户中一家三口都是精神病,L 村参加培训的贫困人口中也有三人是精神病,这些人都被统计在册。由于农村情况的复杂性,这些人参与一般都是为了领取礼品,并不是真正地为了提高自身的能力和技能,培训基地事实上也无法阻止这些贫困人口参与培训。因此导致的结果是,这些贫困人口既可以领取培训机构为了吸引贫困人口参与培训所准备的礼品,也能对培训的结果表示相对的"满意",培训基地也可以较容易地完成培训任务,按培训的人数领取相应的培训补助。在这一点上,基层政府扶贫部门也没有较好地尽到监督的任务,检查监督时也仅仅以是否是建档立卡贫困户参与为主,并没对培训对象的能力状况进行评估。

那么,对于培训的效果可想而知。

2.尽量确保培训的质量

培训机构承担农村实用技术的培训任务后,姑且不论培训的效果如何,就从培训机构对培训的态度来看,还是比较重视的。如《2016 年 L 县 CR 职业技能培训学校雨露计划培训方案》对"雨露计划"的具体保障措施进行了详细的安排:

(1)加强领导,统一认识。在县扶贫办的指导下,学校成立"雨露计划"工作小组,具体负责"雨露计划"的组织和实施。制订工作计划,明确工作目标,完善工作举措,确保工作效果。

(2)密切与县扶贫办合作。重点围绕扶贫办到户增收、科技扶贫项目,以县扶贫办所选定贫困村所在地的支柱产业或主导产业开展实用技术培训,增加贫困农民的收入。

(3)组建队伍。建立学校"雨露计划"优秀师资队伍,队伍分三部分组成:第一部分为本校优秀的专业老师;第二部分为农村一线经验丰富的致富带头人;第三部分为外系统专家。一个班安排一个班主任老师,规范教学管理,提高培训水平。

(4)送教下乡,方便学员。落实上级有关精神,送教下乡,在××村、××村定点培训,为方便学员学习,中午提供午餐补助。

(5)加强教学管理,提高培训质量。加强对教学的管理,要求教师先备课后上课,教案要理论密切结合实际,突出解决生产实践中农户所遇到的实际问题。对参训学员严格要求,做到堂堂点名,严格考评制度,确保培训质量。

Y 县职教中心的 TZY 校长也是这样说的:

说实在的,我们下去弄培训,首先得保证教学的质量,我们都要求老师们备好课,讲好课,首先得让老百姓听得懂,我们选的老师都是最优秀的老师,而且好多老师在外面都有实践的经验,我们把这部分人给调过来,专门成立培训组。另一方面,我们下去教学,也是对我们学校的宣传,现在中专可不好招生,暑假我们最忙了,我们每个老师都有招生任务,完不成任务还扣工资呢,为了一个学生(生源)我们有时候要到农户家跑好几趟,动员孩子们来上学,这些孩子本来成绩就不好,你再不让上学,那以后就更没办法了。所以说,我们下去教学,把课上好了,人家农户会说,这个学校不赖,你如果上不好,人家说这学校真瞎,孩子也不往我们这里送了。我们给老师也是这样说的,你们下去就代表的是我们学校的形象,课上的好不好,老百姓满意不满意,会影响我们每个人的切身利益。上好课就是在宣传我们学校,为我们的招生工作做贡献。

(访谈记录:TZY-20160807)

可以看出,培训机构在努力地组建教学队伍,选派优秀的培训老师,尽量做到让贫困人口满意,确保较好的培训质量。一方面是为了接受基层政府扶贫部门的检查,因为基层政府扶贫部门难以观测培训的效果,就只能以贫困人口对培训的满意度作为重要的依据;另一方面培训机构确保较好的教学质量,也是在维护自身学校的形象,在严峻的中等职业学校招生形势下,通过良好的教学质量以期给本校带来较多的生源,为本校的招生做出积极的贡献。对于后一点,笔者认为无可厚非,因为任何一个机构下去培训会考虑自身的形象和利益问题,何况这种行为本身就给本校的招生工作带来一定的好处。

3.自身利益的权衡

任何一个组织都有其特定的目标,培训机构承担的农村实用技术培训任务只是其教学外的额外任务,其自身的存在和发展还需日常的招生和教学来维持。因此,农村实用技术培训的任务和目标有可能与日常的教学发生冲突,或者当自身感觉到承担培训任务不划算的时候,会节约成本或应付培训任务。当培训机构面临着各项严格的检查的时候,如 Y 县技工学校的负责人所说:

> 上面要是完全按照这个合格制度弄,弄下来我们觉得这个难度非常大,尤其是现在你这各种检查、审计,来回检查,所以说我们现在做这项工作的人,说句实话,反正是之前我知道的这些人今年都不再做这项工作了。因为他们工作尤其冬天的时候回来的会非常晚,可能学校里面还和外面的情况还不一样,我这个出了这么大的力,荣誉上不表彰,最后还挨了批评,还要挨处分,所以这些人,我知道是从内心上是不想做了。我说实话,今年我是不做这个了,我跟他们领导说了,这个项目我是不做了,因为从去年,每一星期都要开会,我说扶贫这东西是高压线,一定是高压线,一定把这个东西做真做扎实,我们下去就是要把真实的知识给老百姓送去。但是他们现在还要一个效果,培训一星期你要拿出个效果出来,要多大效果? 这个效果,真的是当时体现不出来,我觉得跟这个学生学习一样,今天明天你给我考个 80 分,我们做教育的都知道,这是一个长期的东西,它不是说马上这一会儿就那个(产生效果)了。
> (访谈记录:ZGX-20160810)

另外,作为培训机构来说,其日常的工作是教学,而农村实用技术培训是额外的任务,在 Y 县职业教育中心这样的学校,为了承担农村实用技术培训,还需单独成立培训部,把教学部的老师抽调过来。因此,农村实用技术培训并不是他们本职的工作。那么,在承担额外教学任务的时候,就需要以较高的报酬调动这些老师的积极性,也就是说在培训学校内部,这个临时组建起来的培训部也并不是一个目标一致的组织。从政府直接委托给培训学校,再由培训学校组织一线教师员工提供农村实用技术培训,执行过程中,培训学校对一线教师员工的报酬激励、一线员工的责任与态度直接影响农村实用技术培训的质量。从实地调研来看,Y县职业教育中心招生部直接承接和实施Y县农村实用技术培训的部分任务,该招生部由一位副校长主管,招生部办公室有2名工作人员,在学校承担农村实用技术培训任务时从教学部临时抽调其他教师担任招生和培训任务。在访谈中发现,职业教育中心属于民办公助的学校,教师工资普遍在2 200~2 500左右,在当地属于中等水平,平时课时费为每节10元,在农村实用技术培训中,该校也按每节10元的标准发放培训费。一位参与培训的老师表示:

　　　　10元的课时费实在是太低,承担农村实用技术培训属于学校(上级)下派的任务,没办法,只能接,在外面由其他部门(农业局、畜牧局)邀请讲课每次都在200~300元,同时,农村人口普遍文化水平低,只能走马观花地讲,也很难产生实际效果。(访谈记录:TJK-20160807)

　　从一线教师在培训中的地位和报酬激励来看,一方面,培训学校把农村实用技术培训作为教学任务下压给一线教师员工,一线教师员工把农村实用技术培训作为行政教学任务去完成;另一方面,农村实用技术培训的报酬实行和校内课时费同等的水平,使得一线教师员工产生了较强的不认同感,较低培训报酬很难产生较强的激励,在培训中的一些应付行为也很难避免。

　　以上三点,笔者分析了作为农村实用技术培训的主要承担者——培训机构的目标,作为一个独立的组织,培训机构有其自身的目标。在面对政府委托的培训任务的时候,培训机构首先把完成委托的数量任务放在首位,不是按照产业发展的要求去寻找贫困村,而是把便于联系、易于培训的村作为首选对象;从培训内容的选择来看,主要以贫困村、贫困人口的需求为主,以讲授贫困人口易于接受的知识为主;当面对政府的严格检查给自身带来不便的时候,培训机构也表现出消极的态度。不过,作为一个以中等职业教育为主的学校,培训学校表现出的行为则无可厚非,具有自身理性考虑的本性,但是以贫困人口需求为导向的培训内容选择和设置方式是否就能产生实际的效果呢?

二、农村实用技术培训的组织动员和内容开发过程

培训机构是农村实用技术培训服务的直接生产者。在以往的研究中,对培训机构的批评较多,如执行过程中的作假、舞弊或不当行为,课程设置比较理想化、技术含量过高,不能贴近农村实际,培训效果不够理想等。据此,不少研究者和相关工作部门着眼于从开发课程体系、推广培训模式入手,寻找提高农村实用技术培训效果的具体途径。那么,Y 县农村实用技术培训是如何动员贫困户参与,其内容是如何开发设置出来的? 其实用性又如何呢?

(一)农村实用技术培训的组织动员过程

1. 贫困人口瞄准

农村实用技术培训的对象是建档立卡贫困户中的劳动力。我国从 2014 年提出精准扶贫的概念之后,2015 年全国正式开始新一轮的建档立卡工作,截至目前,已经对贫困人口进行多轮的建档立卡"回头看"工作。可以说,贫困人口的识别取得了很大的成就,精准度不断提高,按照当地扶贫办工作人员的介绍:

> 现在这扶贫,整体上来说是紧了。过去不精准的时候,谁参加都可以,只要是贫困村都行,现在必须是建档立卡贫困户。原来没有提出精准扶贫的时候,贫困户就是不准,包括脱贫也不精准。怎么样脱贫呢,乡里面一报数字,没有说是谁,只报数字。从去年开始,张三、王五必须弄准了,不然找你说事呢! 原来是整个大的体制不完善、不精准,现在开始规范了,这个很好!

贫困人口的识别已经很准了,经过多次的"回头看",这个已经没啥问题了,可能贫困村的识别不太准确,不同贫困村的差别较大,但这也没办法,这是上面分的指标。为了做好此项工作,多次召开会议,要求学校"雨露计划"培训领导小组,分组深入贫困村,宣传我省关于"雨露计划"培训方面的政策精神,动员符合条件的学员积极参加。我们结合县里的实际,遵循"精准识别,靶心定向"的原则,在学员遴选上严格把关。根据上级政策要求,各乡镇提供贫困村名单和贫困村的"建档立卡户"数据,深入我县95个贫困村进行摸底调查,对申报的学员信息进行逐一比对,从中遴选作为"雨露计划"培训对象,纳入"雨露计划"培训计划,确保信息的真实性、有效性,保证培训学员符合要求。最后对合格学员进行统一的信息采集和整理备案。(访谈记录:SZW-20170103)

在贫困人口识别较为精准的前提下,培训机构就是按照县扶贫办提供的贫困村、贫困户名单,深入到贫困村、联系贫困户,确定培训的对象。Y县职业教育中心的负责人TZY这样解释道:

我们下去了以后呢,肯定得先跟县里面联系,因为上级也有要求,我们就跟乡里扶贫办、村里的联系了,跟书记、村主任他们说,找(培训)对象,什么样的(培训)对象呢,就是精准扶贫的对象,但是非精准对象,去还是不去?一般情况下我们是欢迎人家去,为什么欢迎人家去呢?我是农村出来的,农村情况是非常复杂的,农村情况是千差万别的,这个对于我来说,我说一下我自己的看法,作为我们学校来说,我们是讲课的,作为讲课来说,是,应该说精准是最好的,我们先把这精准的都给他动员来,但是非精准的不是(贫困户)的想去听课,也应该欢迎。(访谈记录:TZY-20160807)

从调研的所在县参加农村实用技术培训的台账来看,培训对象均为建档立卡的贫困户,因此,农村实用技术培训对象首先是精准的了。那么这些对象是如何动员起来的,积极性如何呢?

2. 积极动员贫困人口参与

农村实用技术培训的指导思想是以提高贫困人口的自我发展和就业、创业能力以及增加贫困人口收入为目的,积极鼓励、引导农村建档立卡贫困户中的劳动力参加农村实用技术培训,通过培训就业、自主创业和发展现代农业,实现贫困家庭的增收致富。[①] 在一个贫困村中,贫困人口是确定的,那么接下来的工作就是如何动员这些贫困人口参与培训,因为培训是免费的,但也遵循自愿的原则。

县级扶贫部门把农村实用技术培训的任务委托给培训机构后,需要培训机构自身去动员贫困人口参加。从县级扶贫部门和培训机构负责人的访谈来看,贫困人口参与农村实用技术培训的积极性并不高,需要经过多次的动员才能让贫困人口参与。如 Y 县扶贫办副主任 JLM 和 N 县扶贫办培训科科长 FSH 所说:

> 县里面的任务年后就给我们了,但是我们得等到农闲的时候下去培训,农忙的时候没人,老百姓都去地里种地了,谁还来听啊!应该是 5 月份农闲,然后是 9 月份。对我们学校来说 7 月份、8 月份是非常重要的,7 月份、8 月份招生,招生结束后我们就九月份开始,因为九月份大概只能做两期三期。九月份也得看农村的农闲和农忙时间了,到 9 月 20 号去做,那就做不成了,那个时候有些农村就很忙,(然后)就要从 10 月 15 号左右开始做到年底。(访谈记录:JLM-20160807)

---

① 《L 市 2015 年"雨露计划"培训工作方案》(内部资料)。

老百姓农忙,人都不好组织,我们一般都是推到 10 月份之后才开始,那时候打工的人都回来一部分,但是打工的那些人又用不上,年轻人回来他都不会坐那听这,年轻人出去他都看不上那点地,现在出去挣钱还是容易一些,咋着一个月也不挣三四千块钱。你到村里面看一下你就知道农村实用技术培训的效果到底咋样,第一,村里面的人种地用心不用心,第二,养殖业这一块你看看有没有养殖的,他们都不干这,你说效果能好到哪?年轻人都出去打工了,村里边都是年龄比较大的人,这你都能看出来。(而且)每个贫困户只能享受一种(扶贫)培训,你学了驾照,就不能参加实用技术培训,不再给补贴,所以好多人都不愿意参加。(访谈记录:FSH-20170103)

一方面,农村实用技术培训需要根据农时季节临时安排,由于农业生产环节的较多,作物生长周期不同,很难找到一个贫困人口都能参加的一致时间;另一方面,也可以看到由于农村流动人口较多,青壮年劳动力外出务工,从事农业生产的都是些文化程度较低、年纪较大的留守妇女和老人,对于他们来说,参加培训的积极性就并不是那么高了,更何况建档立卡的贫困户呢?因此,如何组织动员贫困人口参与培训就是一件极为困难的事情。Y 县职业教育中心的负责人 TZY 这样说道:

应该说(贫困户)里面的文化差异比较大,老百姓来听课的文化差异非常大,之所以他贫困,我觉得最重要的原因还是教育的原因,我们现在来说的各种因素,因病了因残了什么的,这些问题都存在,但是最重要的原因还是教育。假设这村里面有 50 个贫困户,实际上这 50 个贫困户里面,真正在农村里面的贫困户我觉得不到 30 家,另外这 20 家在农村里面本身就挣着钱,还要出去打工。那你叫他回来培训不回?叫他回来肯定要误工啊,他在外面一天要挣 100 块钱,他回来你什么也不给他发,什么东西也不给他拿,他就不回来了,所以说这个组织起来他是有一定难度的。再一个组织起来就是说文化差异,年轻的人少,因为年轻的人要不出去上学了,要不出去打工了,对不对,真正的这些人他可能就是 40 岁了、50 岁了,这些人的文化程度比较低,人家(扶贫部门)听课要求记笔记,因为人家听课要求签名,有些人他连签名都不会,你不会但是人家要求有啊,但是这个东西会引起误会,引起什么误会呀? 人家上面要求听课要签名,老百姓他就会说,哎呀,你们要签名干啥? 是不是要国家钱呢呀?(访谈记录:TZY–20160807)

那么,培训机构怎样去动员这些贫困人口参与培训呢? 一般情况下,培训机构有以下几种动员的方式:①通过政治动员,即培训机构以扶贫的名义要求村"两委"班子配合,动员贫困户参与;②通过自身的努力去动员,培训机构的人员深入贫困户家中,宣传农村实用技术培训对贫困人口能力提高的好处;③培训机构通过发放礼品的方式吸引贫困人口参与。如 Y 县职业教育中心的负责人 TZY 所说:

(农村实用技术)培训是上级交代给我们的政治任务,必须要完成。我们下去以后呢,会通过乡扶贫办、村干部,要求他们配合,积极动员这些人参加培训。一般情况下,乡里、村里的人都比较配合,乡干部会让村里的干部开会布置这件事,通过村里的广播宣传培训,就说培训是免费的,提高大家的能力,然后让村干部一家一户的去动员,看有哪些人能参与,能参加的就让尽量参加;另外,我们前期也会成立招生组,下去印发传单、张贴通告,说几月几号要在本村开展培训,让相互宣传。我们要成立培训组,专门派车拉着我们的人去村里,我们的人员也要下去到农户家动员人家参加,这个工作是很辛苦的,一天有时候跑好几个村,车费、油费、餐费都得我们自己掏钱。现在老百姓都不积极,你怎样调动人家去听课?所以说我们现在采取的办法就是发点小礼品,可是我们发点东西是违规的,这是我们的难处啊,是吧? 想让人家来听课,老百姓说,我来听课你发东西不发? 我们说那我们这样吧,来听课我们一天给发一包洗衣粉,然后最后是发一壶油。但是这个东西现在来说也是违规的,我们还得做个账,就我们说的这,贫困户发个东西,全使用的是国家这个发放的扶贫资金,非贫困户发的东西,是我自己的,我自己解决的,所以说去年这个整个组织起来就相当困难。(访谈记录:TZY-20160807)

表3-2反映了2016年Y县两个培训机构开展的农村实用技术培训各期贫困人口参加的比例,可以看出,贫困人口参加农村实用技术培训的比例并不是很高,平均参与培训比例为15.3%。华中师范大学中国农村研究院对全国13个省72个贫困村的1 702位农民的调查发现,只有9.34%的农民接受过农业实用技术培训,所占比重不到一成,其中建档立卡贫困户接受培训的比重为14.91%。[①] 这与笔者调查的数据十分接近。从某种程度上也反映了贫困人口参加农村实用技术培训的积极性不高的问题。

表3-2　2016年Y县两个培训机构开展的农村实用技术培训各期贫困人口参加比例表

培训机构	期数	贫困村贫困人口数(人)	参加培训贫困人口数(人)	比例(%)
Y县职业 教育中心	第1期	239	31	13.0
	第2期	185	30	16.2
	第3期	292	19	6.5
	第4期	119	42	35.2

---

① 徐勇,邓大才:《反贫困在行动:中国农村扶贫调查与实践》,北京:中国社会科学出版社2015年版,第195页。

续表 3-2

培训机构	期数	贫困村贫困人口数(人)	参加培训贫困人口数(人)	比例(%)
Y县技工学校	第 1 期	182	35	19.2
	第 2 期	146	33	22.6
	第 3 期	295	42	14.2
	第 4 期	359	41	11.4
	第 5 期	311	36	11.6
	第 6 期	197	32	16.2
	第 7 期	599	27	4.5
	第 8 期	269	34	12.6
平均				15.3

L村的驻村第一书记表示,虽然该村种了千余亩花椒,贫困户也参与了一部分,但是就连种植花椒苗的技术都不懂,有的种得深,有的种得浅,参差不齐。在这种情况下动员花椒种植户参加培训,可是大家并不积极,是他出面硬逼着他们来参加,而且每堂课前他都要讲讲。据L村村主任讲,第一书记每次都要讲,讲的时间还不短,主要是让他们积极参加,要相信科学。在这种情况下,L村驻村第一书记表示,还是有很大一部分中途不参加了,他很生气,认为贫困人口文化程度低,思想不开放。W村驻村第一书记也表示,该村村民就守着那二亩田,整天东逛逛西晃晃,平时散漫惯了,"你别认为贫困户就很可怜,守着那二亩地,放上几只羊,但他们的幸福感强着呢,也不比城里人差"。参加技术培训不是很积极,好多都是催着他们,然后都是"那就去看看吧"的心态,能学到什么技术。

刚开始,老百姓去的人比较多一些,还是硬逼着他们去的,结果是越去越少,然后我就给他们(学校)说,不要光给他们培训这些内容,培训他们的思想,从思想深处解决,思想问题解决了什么问题都能解决,思想不重视光说那不中,4月份培训结果去了没几个人,因为培训针对的是贫困户。

　　培训都有钱,组织哪个老师到我们村里面培训几天,也是给老师钱的,没有钱谁来,这就是政府购买的。你想一下老百姓自己接受培训,自己参加培训还有礼品,我就跟他们(贫困户)说,你们这些人,那些北京的人来我们这里给我们讲课两个小时八万块钱,就那好多人还挤不到跟前去学习,掏着钱都学习不到,像你们这个上来,给你们礼品让你们学习你们都不想学,这钱从哪里来的,都是跟国家要的。我直接对着他们讲课的老师说,老师讲课的钱从哪里来的,不都得跟国家要钱呀,这礼品的钱从哪来,都是国家的。
(访谈记录:GYH-20160811)

(二)"以贫困人口需求为主":农村实用技术培训的内容开发过程

　　农村实用技术培训的任务由政府扶贫部门委托给培训机构后,虽然一方面政府扶贫部门会强调培训的重点和注意事项,要求农村实用技术培训与贫困村开展的产业增收项目和科技扶贫项目相结合,但是另一方面又在划定的培训区域范围内只分配数量任务,不指定贫困村和培训的内容,需要培训机构自身与贫困村联系,征求贫困村、贫困人口的意愿。那么,培训机构是如何开发培训的内容的,是否与当地的产业发展项目相结合呢? 培训机构会经过哪些步骤和程序开发出培训的内容呢?

　　农村实用技术培训的内容开发和培训对象的动员是同步开展的。在动员阶段,从培训内容的开发设置过程来看,培训学校首先采取的是与村干部沟通的途径,通过他们征求贫困人口的意见,然后设计培训内容。如 Y 县职业教育中心的负责人 TZY 所说:

　　这一块(农村实用技术培训)2015 年以前呢,主要是县里面组织村里面的人,然后让我们培训,有的是在村里,有的是在我们学校。2015年之后呢,县里面就把任务直接分配给我们两个学校了,就让我们下去。咱这个实用技术培训,就是村里的这一块,有种植、养殖这两个专业,咱培训之前一般会跟乡扶贫办先见面,然后再跟村里面的村主任、书记见个面,沟通一下,谈谈村里面主要是经营什么,如果他是以种植为主呢就讲种植,如果以养殖行业为主就讲养殖,根据村里的实际情况,来确定讲什么课。

而且村里面来说,我们去联系的话,不是跟所有村民都联系、都见面,我们首先得给人家村委会见面,他们也不是非常清楚每个村民具体是怎么想的,他也得根据村民的具体情况,比如说本村有一个项目,有人养猪,然后效果比较好,他希望这个人起个带头作用,让别人都弄,这个会形成规模了,然后他们才能发展,所以说,我们讲的课基本上都是根据这。一般情况下我们都能完成这个任务,有时会超过这个任务,但是县里面给你多少名额就给我们报多少经费。(访谈记录:TZY-20160807)

县扶贫办下达培训任务后,培训学校就组织相关人员到该村与村干部沟通,根据村干部了解到的贫困户培训意愿形成初步的培训方案和培训内容,报县扶贫办审核后组织开展具体培训工作。表3-3和3-4概括了培训学校为L村和W村农村实用技术培训设计的具体内容和日程。

表3-3　L村农村实用技术培训的规划内容和日程

时间	培训内容
第一天	开班仪式、信息采集;花生有关知识、花生虫害防治
第二天	花椒种植的有关知识;花生栽培技术
第三天	花椒种植、栽培的有关知识;花生种植、栽培有关知识
第四天	常见化肥的施用;植物生长剂应用
第五天	有机肥的施用;花生栽培技术
第六天	花椒的管理方法;结业仪式

表3-4 W村农村实用技术培训的规划内容和日程

时间	培训内容
第一天	开班仪式、信息采集;红薯有关知识、红薯虫害防治
第二天	红薯种植的有关知识;红薯育苗技术
第三天	红薯种植、栽培的有关知识;西红柿有关知识、西红柿虫害防治
第四天	西红柿栽培技术
第五天	有机肥的施用;常见化肥的施用;植物生长剂应用
第六天	红薯、西红柿田间管理方法;结业仪式

从表3-3和3-4可以看出,L村农村实用技术的培训内容主要包括花生种植技术、花椒种植技术、化肥使用技术;W村主要包括红薯和花生的有关知识、栽培技术、化肥使用技术。实际培训中,由于前期联系贫困村时培训学校主要与村干部沟通培训内容,与贫困户的沟通不够,在第一天培训时征求了参加培训的贫困户意见后,培训学校根据农户的大致意见,临时调整了培训内容。新内容在培训学校和参训贫困户两方都无文字记录,笔者根据对相关当事人的调查,将这些内容及其参训人数整理为表3-5和表3-6。

表3-5 L村农村实用技术培训的实际内容和参训人数

培训内容	选择接受培训内容的人数(人)	占总培训贫困人口的比例(%)
玉米种植	30	88.2
小麦种植	30	88.2
红薯种植	30	88.2
辣椒种植	16	47.1
花椒种植	32	94.1
牛养殖	18	52.9
羊养殖	10	29.4
猪养殖	18	52.9
鸡养殖	8	23.5

表3-6　W村农村实用技术培训的实际内容和参训人数

培训内容	选择接受培训内容的人数（人）	占总培训贫困人口的比例（%）
玉米种植	14	100
小麦种植	12	85.7
红薯种植	14	100
西红柿种植	14	100
花生种植	14	100
牛养殖	10	71.4
羊养殖	14	100
猪养殖	9	64.3

　　从表3-3和表3-5的比较来看,L村培训内容的调整幅度较大,除了花椒种植技术外,其余内容都做了改变。新的培训内容涉及的种养业品种达10种之多,不同品种的参训人数差别较大;从表3-4和3-6的比较来看,W村培训内容除了培训方案设计的红薯和西红柿种植技术以外,实际培训的内容还增加了6种之多。

（三）农村实用技术培训方式的简单化

　　农村实用技术培训的对象是建档立卡的贫困户,由于目前剩余的贫困人口贫困程度深、脱贫难度较大,使得这些人集体表现为弱能化,即从事农业生产的贫困人口都是年龄较大、留守妇女,且文化程度较低。因此,一方面这些贫困人口接受农村实用技术较为困难,需要理论与实践的结合;另一方面提升其能力的难度也较大。面对这些对象提出的多而零碎的需求,培训机构只能是面面俱到、浅显易懂,采取较为简单化的培训方式。由于贫困人口普遍表现为文化水平低,其中部分贫困人口要求培训中理论结合实际,才能易于接受。如一位贫困户所说:

　　政府开展的实用技术培训确实可以,有利用价值,不过有些人对办技术培训没有一点热情,老师讲课他在下面乱说话,也影响我们听课,想听课也听不好,都是来顶人数,没有用处,真烦人。虽然科技培训班办了不少,效果却不明显,我认为主要是主办培训的一些部门管理不严,培训都是走过场,骗取国家项目资金,有关部门要严加管理。再说有的培训还存在一定的局限性,我们文化水平有限,讲课要切合实际,不要按教材去讲,要理论实践相结合,隔一段时间到地里看看,给咱说说怎样操作,确确实实办点实事。(访谈记录:ZXM-20161222)

　　《〈中国农村扶贫开发纲要(2001—2010 年)〉实施效果的评估报告》也指出,贫困地区低技能水平者、低教育水平者参与培训的比例明显偏低,提出在培训内容、组织形式上要有所创新,充分考虑贫困人口的这些特点,要使培训内容有吸引力、易于接受。[1] 贫困人口接受能力差固然是影响农村实用技术培训效果不佳的原因,但是在这一前提下,政府和培训机构是否针对这一特点采取了更易于接受、产生实际效果的培训方式呢?《L 市 2015 年雨露计划培训工作方案》中提出,农村实用技术培训的培训模式可根据培训内容采取理论与实践相结合的方式(如"2+2""3+2""3+3")实施。访谈中发现,政府扶贫部门本身就知道农村实用技术培训效果不明显也无法考核其结果,但只是把它当作一项常规工作而应付上级交代的任务和检查,对农村实用技术培训并没有引导其向特色产业的方向发展,具有相当的盲目性,简单地把培训任务分解给培训机构,只进行形式化的考核,以不出事为原则。N 县扶贫办培训科科长的一席话更能体现这种形式化和简单化的执行方式:

　　　　效果考核这一块这是没法去考核、衡量,我们就是下乡的时候

---

　　① 范小建:《完善国家扶贫战略和政策体系研究》,北京:中国财政经济出版社,2011 年版,第 402-403 页。

问问,抽查抽查,问问村干部觉得效果咋样。实话实说,咱都没有这样做,上面省市到全国它都没有这样的考核,没有这一项指标。实用技术培训这事啊,叫我说都没法说,效果都不是很明显,效果就是没有。现在这扶贫,整体上来说是紧了,你不干不中,干了自己把自己圈住了,操作过程中很细,越细越没办法弄,十几个部门来审计监察,这不对、那不行,大帽子一扣。农业可复杂,你现在讲讲,过后就忘了,但是需要的时候又不会了,原来的科技特派员还是比较好,有几家成规模的养殖的,随时有事了你就可以找他,防疫站是免费的,谁家看病就去看了,咱这一块目前没有这政策,你必须得办班,集中参加,你可以找土专家,你说土专家咋鉴定,叫他写字都不会写,他连教案都没有,培训过了连任何资料都没有,上面来检查真不好说。(访谈记录:FSH-20161220)

农村实用技术培训以培训班的形式举办,对于政府来说,这样的形式有助于各级部门的检查和管理,对于培训机构来说则便于集中培训对象,节省培训成本,但是对于培训对象而言,他们更多地需要理论和实践相结合,真正能够掌握一些实用技术。徐勇等人的调查显示,在被调查的农户对培训方式的期望中,"下乡现场指导""广播电视VCD学习""网络授课""集中培训"和"多方式结合"等方式的占比依次为68.52%、4.00%、0.29%、13.56%和13.64%,农户对下乡指导培训方式的需求度较高(表3-7)。

表3-7 有效农民培训方式需求表①

培训方式	样本数(个)	占比(%)
下乡现场指导	2 401	68.52
广播电视VCD学习	140	4.00

① 徐勇:《中国农村咨政报告(2012年卷)》,北京:中国社会科学出版社,2012年版,第196页。

续表 3-7

培训方式	样本数(个)	占比(%)
网络授课	10	0.29
集中培训	475	13.56
多方式结合	478	13.64
合计	3 504	100

从访谈中看出,各级部门检查的重点是培训地点(以照片的形式反映出来)、时间、资金使用的取向以及培训准备材料,对于培训的效果则以贫困人口的口头评价为主。这样的考核形式导致的结果是基层政府和培训机构必须具备这些形式化的东西,按部就班地以举办培训班的形式进行,实践环节最多是拿出一些样本展示给参训对象。如 Y 县职业教育中心的培训老师 FXQ 所说:

实际上,我这个讲课也确实费了一番脑子,因为面对的对象已经不是学生,因为他的思想结构程度包括他的文化程度,他对养殖的了解千差万别,所以我去讲课,就这几种情况:第一,必须先纠正老百姓的一种思想,也就是我必须要告诉他们,我们来给你们培训,起点是比较低的,不可能说经过我们的几天培训,你能把所有知识全部掌握,这是不可能的,必须得改变这种思想观念;第二,我们的出发点是,从他们最长处、最基本、最容易犯的毛病出手,像我们讲课有的老百姓说,你像这个猪瘟鸡瘟都非常厉害,你讲讲这个吧,实际上这些,从一定意义上来说,跟人得癌症差不多,只要得了就不可能治,观念上就错了,所以从这个来说,我从猪瘟的发病、发展症状一直讲到最后,这个对他们来说还是有难度,他们还是听不懂,实际上,不需要这样讲,我还是讲一下他们比较实用的,讲了之后,遇到这种情况,至少说我解决不了,但我知道要找谁来解决,起码有个方向、有个目标,或者遇到这种情况我知道老师讲过,问题不大,我自己能处理;第三,是讲他们在养殖过程当中,最常见的、也容易上手的,你像我举个最简单的一两个问题,我讲第一个,就是老百姓最容易养的老母猪,因为他养老母猪要生猪仔,猪仔他会拿到集市上去卖,就从这个阶段开始,这个阶段里面它是有重点的,哪些病是常发病,常发病以后,哪些可以用老百姓常用的药物。最后一项就是 T 校长说的,不可能我去讲课,能够让老百姓都满意,你想,养牛的、养羊的,大概这几个是个别,像这几个(问题)我们到最后都会留下来帮助他们,有什么问题我们可以免费给你咨询,这都不属于共性问题了,你可以在上课过程中或者课余,或者早上晚上都可以给我打电话免费咨询。(访谈记录:FXQ - 20160807)

不过,上级政府似乎已经认识到由培训学校单纯地举办培训班,理论与实践相脱节以及技术培训与产业发展相脱节的弊端。从 2017 年开始,河南省扶贫办对农村实用技术培训做了相应的规定。一是培训项目的主体由县扶贫办变为乡镇政府,乡镇政府可以委托有条件的贫困村村委会或专业培训机构等组织实施;二是项目培训的形式上要求灵活多样、因地制宜、注重效果,可以聘请农村乡土人才和行业技术能人传授实用技术,农村乡土人才和行业技术能人的授课、指导费用标准按不超过中级专业技术人员的标准执行;三是实行项目库建设制度,由过去单纯完成培训数量变为由乡镇政府结合产业发展的实际申报培训项目、制定培训项目,县级扶贫部门从项目库中择优选择项目予以立项。[1] 这一变化的效果如何,还有待基层政府的有力执行。不过,形式上来说,更加灵活,项目库建设与产业发展相结合的可能性变得更大。

---

① 河南省扶贫办:《关于印发〈河南省扶贫开发农村实用技术指导意见〉的通知》(豫扶贫办〔2016〕73 号)。

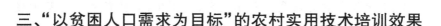

三、"以贫困人口需求为目标"的农村实用技术培训效果

贫困人口是精准扶贫的对象,是农村实用技术培训的接受者。农村实用技术培训的实际效果应该以贫困人口对实用技术培训的实用性评价、满意度和最终能力提升为判断标准。Y县农村实用技术培训的内容是如何开发设置出来的? 其实用性又如何呢?

从培训内容的开发设置过程来看,培训学校首先采取的是与村干部沟通的途径,通过他们征求贫困人口的意见,然后设计培训内容。从表3-3、3-4和表3-5、3-6的对比可以看出,利用这种方法设计出来的L村和W村的培训内容并不符合参训者的需求。表3-3所列仅有花椒种植技术在表3-5中保留下来,且其培训时间大大缩短。花椒种植培训之所以得到保留,还是因为该村第一书记到任后申请了花椒产业扶贫项目,已支持种植了数千亩花椒,贫困户参与较多。按照村干部的想法,花椒可以发展为特色产业,花椒种植技术的培训自然是重点。但站在不少贫困户的角度,传统种养业是他们的生计来源,需要的当然是这类产业的技术培训,如L村驻村第一书记GYH所说:

> 我到村的第一天,他们都给我说种花椒,我说中,晚上开会就给他们说种,那就把村委会干部、村民小组组长、村民代表召集过来,把咱们的想法理理,种花椒那就培训,叫他们安排培训,统计统计有多少人种。统计了以后大概400来亩,说要出钱呢,农村人不讲政策,不按常理出牌,就是有利益的时候干,没有利益的时候不干,然后就给村主任说交钱,起码不得交七八十块钱的押金,把树苗钱给弄回来,不交钱没有压力就没有动力,然后就组织村民小组代表去参观,参观了以后就慢慢报(名),最后报了960亩。12月12日开始种,种的时候也没有技术人员,冬天下了雪,比较冷,有的挖的坑比较大、比较深,冻死了,有的用铁锨掀个缝直接种上干死

了,春天发芽的时候我一看比较差,这不中,好些都死了。基于这种情况我就给县扶贫办说得培训一下,说了以后县里面就说中,弄培训,县扶贫办和职业教育中心联系得比较紧一些,说了以后去培训了几天。(访谈记录:GYH-20160810)

那么,贫困人口当时是怎么考虑的呢? 笔者访谈了 L 村的几位村民,贫困户 ZYX 和 PSS 是这样认为的:

村里原来办过培训,主要是因为第一书记来了之后种了花椒,实施扶贫,我也种了一亩多,当时是第一书记叫过来培训的。县里的人来培训,主要讲花椒种植,讲得挺好,讲花椒的剪枝、管理等。但是我们的花椒树是刚种上的,苗很短,讲的那些是以后的事情,现在用不上。光讲那些没意思,大家都不爱听了,就说讲讲其他的吧,大家都说说这、说说那,当时让征求我们的意见,说看让讲啥,那我家种了红薯、玉米、花生,就想着听听这个吧(访谈记录:ZYC-20160811)

当时一开始主要是讲花椒种植,因为村里实施精准扶贫,第一书记来了之后让种花椒,村里好多人种了,还去外面参观过。我没种,主要是我家地少,种了花椒起码得两三年才能见效,才能卖钱,关键这两年得吃,地里种了花椒连吃的都没有了。当时我去参加了培训,也是想去听听,看看花椒到底咋样,也是想听听专家讲的,讲的说实话不赖,很详细。后来村里面和学校说看还想听啥,问我们的意见,我也不知道讲啥,反正咱老百姓就是种地,就那几样庄稼,讲啥都行。后来好像讲的有花生、玉米、小麦,养牛的也有,反正都听了听。(访谈记录:PSS-20160811)

在无法观察培训活动与种养业能力提升直接关系的情况下,农户对培训内容的评价可以看作是培训效果的关键指标。表3-8和表3-9是培训对象对培训内容实用性的认知状况。总体来讲,L村的被访者中认为培训内容很实用、比较实用的人数比例分别为64.7%、11.8%,认为培训内容实用性一般的人数比例为23.5%,即大多数人给予了肯定;W村的被访者中认为培训内容很实用、比较实用的人数比例分别为85.7%、14.3%,即基本上给予了肯定。

表3-8　L村培训对象对培训内容实用性的认知状况

培训内容	很实用		比较实用		一般	
	人数	比例(%)	人数	比例(%)	人数	比例(%)
各项综合	22	64.7	4	11.8	8	23.5
玉米种植	18	60.0	10	33.3	2	6.7
小麦种植	18	56.3	12	37.5	2	6.2
红薯种植	16	53.3	10	33.3	4	13.3
辣椒种植	8	36.4	8	36.4	6	27.2
花椒种植	22	73.3	6	20.0	2	6.7
牛养殖	8	50.0	8	50.0	0	0.0
羊养殖	8	80.0	2	20.0	0	0.0
猪养殖	14	77.8	4	22.2	0	0.0
鸡养殖	2	25.0	6	75.0	0	0.0

表3-9　W村培训对象对培训内容实用性的认知状况

培训内容	很实用		比较实用		一般	
	人数	比例(%)	人数	比例(%)	人数	比例(%)
各项综合	12	85.7	2	14.3	0	0.00
玉米种植	12	85.7	2	14.3	0	0.00
小麦种植	12	85.7	2	14.3	0	0.00

续表 3-9

培训内容	很实用		比较实用		一般	
	人数	比例(%)	人数	比例(%)	人数	比例(%)
红薯种植	12	85.7	0	0.00	2	14.3
西红柿种植	14	100	0	0.00	0	0.00
花生种植	14	100	0	0.00	0	0.00
牛养殖	14	100	0	0.00	0	0.00
羊养殖	12	85.7	2	14.3	0	0.00
猪养殖	12	85.7	2	14.3	0	0.00

那么,贫困人口是怎样具体评价培训的过程和效果的呢?笔者访谈了几户贫困户,如 L 村贫困户 PHZ,家庭有七八亩耕地,主要种植的有玉米(三四亩)、少量红薯(一亩),两个孩子长期在外打工,其他耕地(三亩左右)由于没有劳动力则未种,已经抛荒。他对培训的实用性是这样评价的:

> 我大概参加了一星期左右吧,具体也记不清楚了,大队组织的,县里的技术员天天来讲,讲了养殖、种植技术。种植上讲了种红薯,或者是种这玉米,养殖方面讲了养猪、养牛,还有这个羊。人家讲得挺好,很实用,实实在在的,讲的都是结合农村实际的,都管用。我印象最深刻的就是讲的红薯育苗,以前咱是直接薅(拔),人家讲的是用剪刀剪,剪了以后还能再发(芽),再发还能用,人家这有科学道理。我种了一辈子地,以前都是垂直按下去,我也不知道红薯苗(栽的时候)还可以横着放、拐弯着放能多结红薯,产量都高,都用的老办法,种了一辈子,别人怎么种就跟着怎么种,没培训以前咱也不知道这个,也就是老笨办法,老办法的那个就是结得少,人家讲的这有道理,结红薯的根主要是在红薯叶这地方,有些技术咱这没有人深研究这。(访谈记录:PHZ-20160811)

在开展了农村实用技术培训之后,贫困人口对培训的满意度和对培训效果的评价如何呢？总体来看,如表3-10所示,L村和W村对农村实用技术培训还是比较满意的,分别占88.2%和78.6%;表3-11所示,L村和W村对农村实用技术培训的效果的评价也是肯定的,分别有64.8%和71.1%的培训对象表示农村实用技术培训的效果很好和较好。华中师范大学中国农村研究院的调查显示,有25.79%的农民认为农村实用技术培训的作用很大,37.11%的农民认为作用较大,将作用很大和较大的合并在一起则有62%的农民认为农村实用技术培训的作用大。① 具体从培训的内容上来看(表3-12),L村认为效果比较好的培训内容为玉米和小麦,W村认为效果最好的是西红柿和花生种植技术。

表3-10　L村、W村培训对象对培训的满意状况

村庄	满意		一般		不满意	
	人数	比例(%)	人数	比例(%)	人数	比例(%)
L村	30	88.2	4	11.8	0	0.0
W村	11	78.6	3	21.4	0	0.0

表3-11　L村、W村培训对象对培训效果的总体评价状况

村庄	很好		较好		一般		不好	
	人数	比例(%)	人数	比例(%)	人数	比例(%)	人数	比例(%)
L村	10	29.5	12	35.3	6	17.6	6	17.6
W村	2	14.3	8	57.1	2	14.3	2	14.3

① 徐勇、邓大才:《反贫困在行动:中国农村扶贫调查与实践》,北京:中国社会科学出版社2015年版,第198页。

表 3-12 L 村、W 村培训对象认为效果最好的培训内容

培训内容	L 村		W 村	
	人数	占培训人口比例(%)	人数	占培训人口比例(%)
玉米种植	22	64.7	10	71.4
小麦种植	20	58.8	4	28.8
红薯种植	14	41.2	10	71.4
花椒种植	10	29.4	–	–
辣椒种植	4	11.8	–	–
西红柿种植	–	–	12	85.7
花生种植	–	–	11	78.6
牛养殖	2	5.9	8	57.1
羊养殖	0	0.0	4	28.6
猪养殖	4	11.8	2	14.3
鸡养殖	2	5.9	–	–

注:此项为多选题,最多可以选择三项。

综上所述,培训机构在接到基层政府的委托任务后,深入贫困村,征求贫困人口的意见和了解需求,然后瞄准贫困人口,积极动员他们参加农村实用技术培训。在面对人数众多且意见不一的贫困人口需求时,尽量做到面面俱到,满足他们的需求,但这导致的直接后果就是培训内容的大而全和培训方式的简单化。但不管怎样,无论培训什么内容,贫困人口都对农村实用技术培训的效果持较为肯定的评价,即认为是"有用"的,而且对培训较为满意。

第四章 能力贫困、农业生产方式的碎片化与农村实用技术培训的"无效"

基层政府扶贫部门把农村实用技术培训的任务委托给培训机构后,培训机构在设置培训内容的时候是以贫困人口的基本需求为依据,以贫困人口的满意度为目标的。从基本需求出发的农村实用技术培训在实践中的培训效果来看,贫困人口是比较满意,而且认为是比较实用的,也即"有用"的;那么,这种"有用"的实用技术能否带来贫困人口的收入增加和能力的提升呢? 也就是说,贫困人口需要这种技术,经过培训后,他们会掌握这些技术吗? 会把这些技术使用到农业生产实践中吗? 会给他们的收入带来较大的变化吗? 他们对农村实用技术培训的较高评价是否就能真正代表这种技术能够产生实际的脱贫效用呢? 本章从贫困人口的视角,以贫困人口的能力贫困和农业生产方式为依据,具体分析贫困人口的弱能化和农业生产方式的碎片化对农村实用技术培训效果的影响。然后,以其他个案为分析对象,提出农村实用技术培训如何才能找到其发挥作用的着力点,使其既"有用",而且"有效"。

一、贫困人口的能力贫困与农村实用技术培训的效果

(一)能力贫困的内涵与分析路径

国内学者通常按照收入标准把贫困分为绝对贫困和相对贫困两种。绝对贫困也称生存贫困,是指在一定生产方式和生活方式下,个人或家庭收入难以维持身体有效活动的最低指标的一种状态,即不能维持最低生存需要

的收入标准。绝对贫困人口一般是以最低生活保障线或贫困线为标准来划定的。相对贫困是比较而言的贫困,这一方面是指随着时间变迁和社会生产方式、生活方式的演进,贫困标准亦发生相对变化而言的贫困;另一方面是指在同一时期相对于不同社会成员和地区之间差异而言的贫困。收入贫困的概念非常直观,在实际应用中也被认为是十分有用的,但是学术界和政策界很快意识到其局限性。收入的增加固然重要,但主动战胜贫困的能力更重要。随着反贫困理论和实践的深入推进,对贫困的认识逐步从收入贫困转向能力贫困。诺贝尔经济学奖的获得者阿玛蒂亚·森关于贫困人口形成的解释,突破了传统收入贫困的概念。他认为,尽管低收入与贫困之间有密切的联系,但贫困的实质不是收入的低下,对贫困的考察不能仅仅停留在收入上,而是可行能力的贫困,他关注的是通过扩大个人的选择范围来发展人的能力。"如果我们把注意力从排他性地集中考虑收入贫困,转到考虑更包容的可行能力的剥夺,我们就能按照一种不同的信息基础来更好地理解人类生活的贫困和自由。"[①]

中国几十年的反贫困取得了举世瞩目的成绩,一方面贫困人口在减少,同时贫困标准也在逐年提高。据笔者对河南省 L 市的 42 个村庄村干部的问卷调查结果显示,村庄致贫的主要原因中回答"缺少资金"的比例最大,占到了 30.2%。在问到"在本村的脱贫过程中,最希望政府做些什么"的时候,回答最多的依然是"提供资金支持",第二位的是"提供就业岗位"。由此可见,人们对脱贫的思路还是主要放在国家的投入上,寄希望于国家的财政资助,认为这是改变贫困状况的主要途径。[②] 然而,依据阿玛蒂亚·森的解释,贫困的根源在于贫困人口的能力不足,而不仅仅在于资金短缺,仅仅依靠国家的资金投入不能从根本上解决贫困问题。对贫困问题的认识偏差必然造成

---

① [印]阿马蒂亚·森:《以自由看待发展》,任赜、于真译,北京:中国人民大学出版社,2002 年版,第 14 页。

② 宋宪萍、张剑军:《基于能力贫困理论的反贫困对策构建》,《海南大学学报(人文社会科学版)》2010 年第 2 期。

贫困地区脱贫内在动力不足,脱贫效果不稳定,脱贫攻坚难度越来越大。因此,必须促进贫困人口能力提高,由单纯给钱给物的"输血式"扶贫转化为提升贫困地区人力资本的"造血式"扶贫。

联合国开发计划署在《人类发展报告》中也指出,贫困不仅仅是缺少收入,更重要的是缺乏基本生存与发展的能力。舒尔茨认为传统农业是一个经济概念,"应该被作为一种特殊类型的经济均衡状态",其特点在于所使用的生产要素与技术长期未发生变动,持有这种生产要素的动机也是长期不变,因此传统生产要素的供给和需求也处于长期均衡的状态。贫穷社会农业经济增长的关键在于农民获得并有效地使用某些现代生产要素,通过对农民人力资本的投资——教育与在职培训,使农民学会有效地使用现代农业要素。① 我国多年的扶贫开发实践证明,通过教育培训和职业技能培训,提高贫困人口素质,增强其就业和创业能力,是加快贫困人口脱贫的有效途径。《中共中央国务院关于打赢脱贫攻坚战的决定》(中发〔2015〕34号)要求"加大职业技能提升计划和贫困户教育培训工程实施力度,确保贫困家庭劳动力至少掌握一门致富技能,实现靠技能脱贫"。2004年以来,我国实施了"阳光工程""农村劳动力技能就业计划""雨露计划"等增加农村劳动力和贫困人口技能的培训工程。为提升贫困人口的就业能力,《河南省转移就业脱贫实施方案》中强调在"2019年底前,对有培训意愿且符合受训条件的建档立卡贫困劳动力每人至少开展一次职业技能培训。对贫困家庭劳动力实行免费培训。贫困县要以全民技能振兴工程为统领,将人力资源和社会保障部门实施的城乡劳动力职业技能培训、农业部门开展的新型职业农民培育、扶贫开发部门实施的'雨露计划'等,统筹纳入当地贫困家庭劳动力培训规划,整合各类培训项目。"……"各市(县)要依托基层扶贫开发公共就业服务等平台,深入贫困家庭开展培训需求调查,侧重培训周期短、易学易会、脱贫增收见效快的"短平快"职业技能。要利用农闲时间,积极开展"订单

---

① [美]西奥多·W.舒尔茨:《改造传统农业》,梁小民译,北京:商务印书馆,2006年版,第26-27、141-145页。

式""田间课堂""授课入户"等实用技术培训,使务农和技能培训"两不误"。①

根据国际社会对贫困的认识及中国反贫困的实践和现有的研究,对"能力贫困"概念的界定应主要体现以下几方面因素:第一,它是反映特定贫困人口能力欠缺状况的一种集合性概念,而不特指某个个体或某种现象;第二,在现代社会,能力不仅包括基本生产能力、获取知识能力、参与决策能力、合理利用资源能力等方面,最终都要体现在"自我发展能力"上;第三,缺乏物质和服务是表面现象,其实质是缺乏"手段""能力"和"机会"。此外,由于外力介入不足或失误,没有诱发出内在的动力,使农村社会仍处于自我演变的惯性状态。因此,在贫困农村地区,"能力贫困"就是贫困人口或社区受社会发育低层次性的影响,在社会性资源的分配上处于手段、能力和机会的匮乏和劣势状态,难以通过与外部环境的有效互动获得自我发展。②

段世江、石春玲认为,如果对这一界定从资本形成的角度考察,则是农村贫困地区人力资本和社会资本的形成能力不足,表现为人力资本和社会资本的存量短缺到不足以产生促进发展所需要的内在动力和能力。人力资本和社会资本能够涵盖个人或组织的"能力"所要体现的各个方面。本研究借鉴学者段世江、石春玲的研究视角,从人力资本和社会资本的角度来分析农村贫困地区的能力贫困问题以及对农村实用技术培训效果的影响。

(二)贫困人口的弱能化构成与农村实用技术培训的效果

农村实用技术培训的效果观察必须以促进贫困地区农业的发展和贫困人口的收入增加为主要指标。舒尔茨认为在解释农业增长的差别的时候,"土地的差别是最不重要的,物质资本的质的差别是相当重要的,而农民的

---

① 河南转移就业脱贫实施方案:《开展职业技能培训,提升就业能力》,http://news.lyd.com。
② 段世江、石春玲:《"能力贫困"与农村反贫困视角选择》,《中国人口科学》2005年增刊。

能力的差别是最重要的"。① 根据以上能力贫困的内涵分析,结合调研村庄的实际情况,现从贫困人口人力资本和社会资本等方面综合分析贫困人口的弱能化构成对农村实用技术的接受程度以及对培训效果影响。

1. 文化程度低、年龄偏大,培训积极性不够,接受能力差

《〈中国农村扶贫开发纲要(2001—2010 年)〉实施效果的评估报告》中指出,贫困人口中低龄老龄人口比重大,他们在逐渐丧失劳动能力,收入逐渐降低,65 岁以上老人绝对贫困发生率高出平均水平38%;贫困农户成人文盲率高,劳动力素质低,户主为文盲或半文盲、小学文化程度的家庭陷入绝对贫困的概率比平均水平高出 119%和 50%。较低的受教育水平和贫困往往形成一种恶性循环。② 从人口流动的角度来看,农村外出务工者中男性占大多数,外出劳动力的年龄较小、教育水平较高,这从另一角度说明农村留守的大多为女性、年龄较大者和文化水平较低者。③ 这些构成了农村贫困地区贫困人口的基本特征。从文化程度和年龄结构来看,W 村和 L 村参加农村实用技术培训的贫困人口的学历都较低,大都在小学及以下(表4-1)。W村参加培训的贫困人口的平均年龄为 54 岁,L 村的贫困人口平均年龄则为49。可以看出,这两个村参加培训的贫困人口的文化程度偏低、低龄老年人口较多。

表4-1　W 村、L 村参加培训的贫困人口文化程度、年龄结构表

文化程度、年龄结构		W 村		L 村	
		人数(人)	比例(%)	人数(人)	比例(%)
文化程度	小学及以下	12	85.7	20	58.8
	初中	2	14.3	14	41.3

---

① [美]西奥多・W.舒尔茨:《改造传统农业》,梁小民译,北京:商务印书馆,2006年版,第 15 页。

② 范小建:《完善国家扶贫战略和政策体系研究》,北京:中国财政经济出版社 2011年版,第 281 页。

③ 同上,第 379 页。

续表4-1

文化程度、年龄结构		W 村		L 村	
		人数（人）	比例（%）	人数（人）	比例（%）
年龄结构	40 岁以下	0	0.0	2	5.9
	41~50 岁	6	42.9	22	64.7
	51~60 岁	2	14.2	4	11.8
	60 岁以上	6	42.9	6	17.6

舒尔茨认为，当从事新的农业生产要素有利可图时，农民作为这些要素的需求者如何接受并有效地利用这些要素，但一般的情况下传统农业中的农民并不寻求这些新要素。[①] 那么，较低的文化程度、较大的年龄结构的贫困人口是否会阻碍对农村实用技术的接受呢？徐勇等人认为农户参加培训的行为受到多种因素的影响，其中文化程度、健康状况对农民是否参加培训有显著的影响，而年龄、性别等因素对是否参与并不存在显著影响。[②] 但是本研究从驻村干部、培训机构负责人和贫困户访谈的情况来看，文化程度、健康状况、年龄、性别都对农村实用技术参与的效果有显著的影响作用。如L村驻村第一书记认为：

> 农村人大都是老弱病残、鳏寡孤独，基本上都在家里待着，稍微有点能力的，稍微有点思想的人都不在家里面待，都去外面了，能致富的都致富了。你想想在外面一个月2 000 块钱，一年还有20 000 多块钱呢。你在家待着东家长西家短，东游游西逛逛，天天买个馍都没钱，就是这些人才在家待着呢。参加培训的基本上都是文盲、半文盲，基本上都是初中毕业以下的人，高中毕业的人基

---

① ［美］西奥多·W. 舒尔茨：《改造传统农业》，梁小民译，北京：商务印书馆，2006年版，第151 页。

② 徐勇：《中国农村咨政报告（2012 年卷）》，北京：中国社会科学出版社，2012 年版，第204 页。

本上没人去参加培训。他们根本就没啥想法,你问他有啥需求,他们脑子里都是空空的,这些人为啥穷,就是没脑子,也不知道咋发展。动员这些贫困户参加培训是很难的一件事情,贫困户都不愿意参加,费了好大的劲才动员他们参加。我去看了签到表以后,是精神病的都有 3 个人,到那以后让写字呢,他说我不会写,签名我不会签,让别人给他写上然后自己按上手印,就是这种情况。如果贫困村没有主导产业,传统的种养殖业技术培训不会产生太大的效果,老百姓原来怎么种还是怎么种,不会有太大的改观,去参加培训都是一些年纪较大的妇女,带着孩子,大多是为了那些礼品去的。(访谈记录:GYH-20160811)

GYH 书记的话可能略显带有批评和鄙视的语气,但是由于贫困人口的贫困程度较深,自身发展能力和动力不足,作为在基层扶贫一线的扶贫干部,他感觉农村脱贫任务重、脱贫难度大,心里面很着急,有时候就想通过批评的方式让贫困人口转变思想,增强发展的动力。Y 县职业教育中心负责人 TZY 也是这样认为的:

应该说(参加培训的贫困人口)里面的文化差异比较大,老百姓听课以后文化差异非常大,之所以他贫困,我觉得最重要的原因还是教育的原因,我们现在来说的各种因素,因病了因残了什么的,这些问题都存在,但是最重要的原因还是教育。年轻人都出去打工了,年龄比较大一点的一个是出不去,还有一个是,妇女年龄稍微偏大。这类人群对接受培训这一块如实说,接受力不是很强的。岁数大,他也学不了什么东西,你比如说 60 多岁了,字也不识几个了,就去听课,就听听,当时可能还有点印象,回去之后就忘了,培训几天会有多大效果呢,很难很难!(访谈记录:TZY-20160809)

随着我国工业化、城镇化进程的加速推进,城乡收入差距越来越大,加剧了农村劳动力的外溢,也造成农业农村经营者后继乏人的困境。根据第二次农业普查的资料,大部分农村男劳动力外出打工后,妇女就成为农业生产的主要经营者,全国的妇女农业从业者从 1996 年的 47.55% 上升到 2006 年的 53.2%,由于青壮年劳动力外出打工,也导致农业从业者和劳动者老龄化趋势严重,全国的 51 岁以上的老龄农业从业者和劳动者由 1996 年的 18.5% 上升到 2006 年的 32.5%,7 个主要劳动力流出省份的比例则更高。[①] 农业从业者和劳动者的妇女化和老龄化,导致的结果是他们文化程度低,学习和应用技术能力差,其中的贫困人口尤其如此。

贫困户觉得自己文化程度低,不识几个字,干部们也认同这样的观点,负责培训的老师也觉得没文化,接受不了多少,进而贫困户把自己接受不了新知识、新技能看作是理所当然的,深化和扩展了文化程度低所带来的影响。参加农村实用技术培训的贫困人口由于文化程度低,参与培训的积极性不够,大多数是经过村委会的动员,有些是在“政治动员”后被动参加的,都是在从众心理下或抱着听一听或看一看的态度去参加培训的,本来对农村实用技术培训接受能力弱,再加上被动的心理,实践中也不大可能尝试使用新技术。以下是两位贫困户的访谈记录:

> 当时我不愿意参加,后来高书记来我家,让我去听听,说听听也没什么坏处,开开眼界。他说了咱也不好意思不去,他来咱们村扶贫,是来帮咱的,那就去听听吧,成天在家也是带孩子,没有啥事情! 带着孩子去听听,一天还发放一包洗衣粉呢,挺好的。老师们都讲得挺好,讲哪种玉米种子好,用什么肥料,猪生病了用啥药,讲了好多,关键是我们不识字,也记不住那些名字。给我们发了笔记本和笔,也不会记,回来就忘了。(访谈记录:PHZ-20160811)

---

① 国务院发展研究中心农村经济研究部课题组:《中国特色农业现代化道路研究》,北京:中国发展出版社,2012 年版,第 86 页。

　　村里开展了技术培训，就去看看热闹，不知道搞啥名堂呢，听听也没啥用，我小学就没有上几天，听听也是白听。既然是来搞技术培训，看看也许能学点啥，学会手艺不压人，看看去。（访谈记录：LZP-20161222）

　　L县职业教育中心在总结中对农村实用技术培训分析的问题为：部分农民组织学习意识不强。在遴选培训对象阶段，我县许多贫困家庭中的劳动力观念模糊，参培意识有待进一步提高。加之部分农民在生产中还严重依赖传统经验，接受现代新的理念、新的技术、新的管理方式等方面缺乏主动性等因素，导致部分贫困农民以工作忙、没有时间为由，不愿意参加培训。①

　　同时，农村流动人口较多的后果就是从事农业的人以老年人、留守妇女为主，他们一方面文化程度较低、劳动能力逐步减弱，另一方面家庭中的农业事务自身也不当家，农忙的时候由家里的主要劳动力耕种和收割，农闲时外出打工。这样就形成一部分年轻的劳动力半耕半工，但家庭的主要事务还是由他们做主。那么，对于农村实用技术培训来说，他们很少参加或者根本就没有时间参加，就更谈不上对实用技术的使用；而参加培训的老年人和留守妇女由于文化程度等原因，很难掌握，即使掌握了也由于不当家无法使用实用技术。如一位贫困户所说：

　　娃子他爸平时出去打工，就种地的时候和秋收的时候回来，家里种什么都是他来做主，人家说了算，我也不管，种多少收多少。平时咋施肥还是咋施肥，别人打什么药就让人家捎点，跟着他们种。咱也没文化，不懂那些科学。（访谈记录：ZXY-20161222）

---

① 《L县CR职业技术培训学校"雨露计划"实用技术培训班总结报告》。

2.生产知识落后,接受新事物阻碍大

在外人看来,农民种了一辈子地,应该有不少的种植技巧,可实际情况是,人家咋种我咋种,如何种能提高产量,如何防治病虫害等生产知识实际上他们根本不考虑,也从来没想过尝试新的方法,小农意识深入在他们的灵魂深处,主宰着他们的行为。

> 农村技术老说法说那,人家咋种咱咋种,有些技术没有人实际研究这,我种了一辈子,也不知道这个(技术),人家咋干咱咋干,都是笨办法。他讲的那些东西怪好的,关键是麻烦,也不知道到底有没有效果。你比如说给猪看病,有时候不吃食了,等几天也就好了,不好了再说。讲的什么庄稼施什么肥,还要搭配着施用,咱都用惯了,尿素、化肥随便撒撒就中了,还管他那么多,庄稼照样长。咱也没有按照他讲的方法试过,估计还是有科学道理吧。(访谈记录:PHZ-20160811)

> 人家老师讲得挺好的,可是开展技术培训对咱没有多大用处,对咱来说听不听课一样,讲得怪好没啥用,咱都60多岁了学这有啥用,种了半辈子地了,都是靠天靠地吃饭,学那些技术有啥用,还是咱老办法种植,一样可以,讲得怪好,天不下雨他们庄稼也不会收,天下(雨)了一样收,他讲的像唱歌一样,好听没用处,就像养猪养鸡一样,咱家的猪也一样长啊,肉比他们养的好吃,学这还有啥用,再一个来说,咱家养的鸡一样下蛋,并且还卖得贵。(访谈记录:LYZ-20161221)

> 一天三顿饭,去地里干活,别人种啥咱种啥,人家咋种咱咋种,老天爷叫你收,你种啥都能收,不叫你收住在地里守着也没用。人家讲得挺好的,和电视上说得差不多,说了种地靠科学技术,喂猪

讲理论,看牛讲科学,喂羊讲防疫,说的怪美,你来种一年地试试,你来喂一年猪试试,全得靠运气,没有运气种啥养啥都白搭,不过技术也有一定的好处。(访谈记录:LZP-20161222)

3. 社会资本的存量短缺限制了实用技术培训作用的发挥

社会资本是行动主体与社会的联系以及通过这种联系摄取稀缺资源的能力。在贫困农村表现最为明显的就是缺乏社会组织、缺乏社会治理精英,这些社会资本的缺乏,造成农户的行为是分散的,缺乏理性经济合作的。

贫困农村的社会组织水平一般都很低,往往除了血缘关系和社区居民的自然组合外,没有什么真正有效的社会组合形式。村民自治组织在人民公社解体后并没有真正建立起来,当前贫困农村的村委会大都弱化甚至放弃了应承担的职能,其性质仍属乡镇政府派出的执行机构。社区的公共管理和公共服务处于"无人管事"的状态。当笔者调研时问到村里的实用技术培训如何开展时,村里的干部往往是被动的,他们也没有主动去开展培训,接受新知识,培训只是他们执行上级任务目标的一个表现,他们在乎的是是否有人去,签上到没有,出勤率完成了,任务就完成了。如 N 县扶贫办培训科长和 W 村第一书记所说:

> 培训这事,对村里面的老百姓来说是件好事,还得让村干部动员贫困户参与,他们知道老百姓家里的情况。可是村里面如果没有经济利益驱动,村干部也不去弄,谁愿意去干这个事。你培训我还得出力,招呼来培训的老师,这些都需要时间、需要钱啊。培训完,村干部又没有什么好处,所以呢,这个组织起来就有点难。(访谈记录:FSH-20161220)

> 我们村的村干部(村主任)人家原来在外面搞工程,赚了点钱,然后回来在村里开了个超市,后来当上了村委会主任。对于他来

说,当村主任也不为图那点工资,就是图个心闲,有个事干。至于村委会的事情,现在精准扶贫这么紧,他们也嫌累,反正我自己也不是贫困户,能少干点就少干点,都不动。我也是天天说他们,催催他们动动,不催了就不动了,真是没办法。

农村实用技术培训做了,我认为实际上没啥效果。我看农户培训了,该种啥就种啥。但是作为国家的一项扶贫工作,上面让弄,我们不得不弄,问老百姓,弄不弄培训,也是说得可好,弄弄,学技术呢,学知识呢。可是参加完了,也不按培训时教的用。上面来问培训得怎么样,有效果没有,也就是问问我们觉得效果咋样。(访谈记录:GYH-20161220)

同时,由于贫困地区经济社会发展落后、与外界的联系较少、村庄规模狭小、农业产业化、商品化、市场化不发达等原因,使得基于农业产业的组织建设缺乏必要的诱因,各种经济组织较少,超社区的行业性经济组织罕见,尤其在当前贫困农村农产品卖出难问题突出、严重影响农户增收的情况下,在其他地区不断发展的各类产业组织,难以在贫困地区真正产生。由于这类组织的缺乏,贫困农村在经济结构调整、劳动力配置方面很难迈出实质性步伐。[1]

贫困地区人们的知识水平普遍较低,观念、行为、意识及精神面貌等人格要素的变迁缓慢,在与外界的交往过程中,往往处于被动的地位,难以提高社会交往的层次。而且贫困农村缺乏对外的经济联系,基本上不存在主动的城乡物资文化交流。尤其值得一提的是,现实"贫穷"的社会环境,难以产生和培育出富含社会资本的"精英"。W 村的第一书记表示,农村实用技术培训应该和村庄的致富带头人培训相结合,让这些致富带头人发挥带头示范作用,并且让农民合作社发挥一定的作用。

---

[1] 段世江、石春玲:《"能力贫困"与农村反贫困视角选择》,《中国人口科学》2005年增刊。

　　老百姓种那二亩洋柿子，量少，起早贪黑地自己推个三轮车拉到乡镇上，看着每天卖完了，实际上没多少钱，就赚个自己吃喝的钱，哪能赚到大钱。必须让老百姓规模种植，发挥合作社的作用，集中种植、集中销售，他只管负责种，销售的由合作社来经营，这样他自己也不用那么辛苦地去卖了，合作社有统一的销路，省力又方便。后来我们建的大棚，我就告诉贫困户，你只管多种，销路不怕，让合作社统一销售，保证不比你自己拉着去卖的钱少。我们就跟市里面的超市对接好，个头大、外观好的由超市直接拉走，高出市场批发价一到两毛，个头小、外观不好的我们再联系送到学校食堂。（访谈记录：LYL-20161012）

　　可以看出，由于受人力资本和社会资本缺乏的影响，贫困人口参加培训的动机并不是真正为了提高自身的能力和水平，而是在比较被动和从众的情况下参加的。一方面，面对外来的技术培训，他们觉得是新鲜的，而且是科学种田和养殖所需的技术，是实用的技术，因此对培训本身的评价还是较高的，并且是免费的培训还有礼品发放，何乐而不为呢。但是另一方面，自身能力的弱化也的确影响他们接受和应用这些新技术，所以出现虽然对培训的评价较高，但是最终的效果不佳的情况就不难理解。

二、传统农业生产方式的碎片化与农村实用技术培训的效果

（一）传统农业生产方式碎片化的表现

　　舒尔茨认为传统农业是一个经济概念，不能根据文化特征、制度结构或生产要素的技术特征就能表述，它是一种特殊类型的经济均衡状态，在特定的条件和同样的条件下，经过一段较长时期后会逐渐达到这种均衡状态。

这种均衡状态的关键条件是"技术状况保持不变、持有和获得收入来源的偏好和动机状况保持不变以及这两种不变的持续时间足以使得作为收入来源的农业要素的边际偏好和动机同作为一种对持久收入流投资的这些来源的边际生产力以及同接近于零的纯储蓄达到一种均衡状态"。① 传统农业中农民用的农业要素是经过长期经验积累而来,是已知的、确定的、不变的,而且他们比那些采取并学习使用新生产要素的农民更确信对自己掌握的知识和技术的了解。他们更关心的是使用新技术的风险和不确定性,尤其对贫困人口更为重要。在既定的条件下,大部分贫穷农业社会在要素配置方面是高效率的,要改造传统农业,就要引进新的生产要素打破这种均衡状态,贫穷社会农民接受一种新农业要素的速度主要取决于使用这种新生产要素的有利性,有利性又取决于价格和产量。② 贫困人口的文化水平较低并不意味着他们在配置自己拥有的要素时对成本和收益决定的标准反应迟钝,只是表明人的因素所具有的能力小于文化水平较高时的能力。③

本研究选取的村庄(W 村和 L 村)属于豫西 Y 县的两个建档立卡贫困村,分别在 2015 年 10 月和 2016 年 4 月开展了农村实用技术培训,W 村开展的是现代农业技术培训,而 L 村开展的是现代种植技术培训。我们先来看这两个村的基本情况④:

> W 村位于 Y 县西北 12 千米,辖三个自然村,共有 294 户,1 197
> 人,共有贫困户 60 户 208 人,其中因病致贫 22 户 78 人,因学致贫
> 11 户 40 人,因残致贫 8 户 29 人,缺劳动力 3 户 5 人,缺资金 1 户 4
> 人,缺技术 15 户 52 人。总面积 4 500 亩,其中耕地面积 2 700 亩,
> 全部为旱地,海拔 380 ~ 410 米,气候干旱。农民主要以打工收入、

---

① [美]西奥多·W. 舒尔茨:《改造传统农业》,梁小民译,北京:商务印书馆,2006 年版,第 26 页。

② 同上,第 144 页。

③ 同上,第 44 页。

④ 村庄简介来源于这两个村的 2016—2020 年脱贫攻坚规划。

传统作物小麦、玉米等种植维持生活。经济作物有红薯、花生、甜瓜等,有零星牛、羊、猪等畜产品养殖。

L村位于县城北侧12千米,镇西北侧10千米处,该村处于Y县西北边缘丘陵地区,以农业为主要产业,是传统的农业村,全村共481户,1 872人,其中有建档立卡贫困户72户,贫困人口292人,有低保人口62人,五保人口10人。全村现有耕地2 880亩,其中水浇地500亩,村有4个农民合作社,无现代产业项目、无集体经济,村民主要靠种植小麦、玉米等大田农作物和外出务工为主。正常年份小麦每亩约产250千克、玉米每亩约产270千克,如遇天旱,三分之二田地绝收。由于缺乏发展现代农业的理念、技术、人才、资金,生产技术设施落后,没有明确的产业发展方向,生产和市场脱节,群众没有增收项目,群众农业收入仅能满足温饱。

从W村和L村的村庄简介中可以看出,这两个贫困村都属于真正意义上的传统农业村庄,耕地以旱地为主,农户以小麦、玉米等传统的大田作物为主,没有现代农业项目,生产生活较为落后,基本都是靠天吃饭,土地产出量少,仅能维持基本的温饱状态。笔者进一步对W村2016年的种养殖结构和这两个村参加农村实用技术培训的贫困户近两年的种养殖结构进行了详细调查(表4-2至4-5)。

表4-2 W村2016年种养业结构

种养业结构	种养业名称	种植面积（亩）、养殖规模（只、头）	种养业户数（户）	户均种植面积（亩）、养殖规模（只、头）	种养业户数占全村户数比例（%）
种植结构	小麦	1 160	294	3.95	100.00
	玉米	950	289	3.29	98.30
	花生	525	246	2.13	83.68
	红薯	315	231	1.36	78.57
	黄豆	175	83	2.11	28.24
	绿豆	130	90	1.44	30.62
	蔬菜	100	47	2.18	15.99
	辣椒	118	67	1.76	22.79
	油菜	285	262	1.09	89.12
	芝麻	45	41	1.10	13.95
	核桃	5	3	1.67	1.02
养殖结构	牛	98	23	4.26	7.82
	羊	300	4	75	1.36
	鸡	6 500	6	1 083.33	2.04

注：W村小麦、玉米、油菜属于两茬种植，面积有重合部分，因此种植业总面积超出了该村耕地面积。

表4-3 L村2016年种养业结构

种养业结构	种养业名称	种植面积（亩）、养殖规模（只、头、窝）	种养业户数（户）	户均种植面积（亩）、养殖规模（只、头、窝）	种养业户数占全村户数比例（%）
种植结构	小麦	1 080	450	2.4	93.56
	玉米	680	440	1.55	91.48
	花生	1560	420	3.71	87.32
	红薯	390	410	0.95	85.24
	辣椒	250	65	3.85	13.51
	花椒	1 410	465	3.03	96.67
	黄豆	120	88	1.36	18.30
	谷子	340	150	2.27	31.19
	绿豆	150	180	0.83	37.42
	油菜	230	187	1.23	38.88
	芝麻	120	95	1.26	19.75
	核桃	79	32	2.47	6.65
	西瓜	120	70	1.71	14.55
养殖结构	牛	67	29	2.31	6.03
	羊	150	23	6.52	4.78
	鸡	15 300	280	54.64	58.21
	猪	820	168	4.88	34.98
	蜗牛	1 400	6	233.33	1.25

注：L村小麦、玉米、油菜属于两茬种植，花椒是在2015年底刚刚种植，树苗较小，大都套种花生，这些作物的种植面积有重合部分，因此种植业总面积超出了该村耕地面积。

表4-4　W村参加实用技术培训的贫困户2015—2016年种养业结构

	种植结构（单位：亩）					养殖结构（单位：头/只）	
	玉米	小麦	花生	红薯	西红柿	牛	羊
2015年	6.07	6.07	1.57	1.07	0.21	1.43	21.4
2016年	5.5	5.5	2.07	1.42	0.43	2.14	21.4

表4-5　L村参加实用技术培训的贫困户2015—2016年种养业结构

	种植结构（单位：亩）						养殖结构（单位：头/只）			
	玉米	小麦	谷子	红薯	花椒	辣椒	牛	猪	鸡	羊
2015年	4.8	5.3	2.1	0.9	1.8	0.9	2	1.3	504	0
2016年	4.8	5.5	1.9	0.8	2.2	1.2	2	1.3	1004	0

（二）传统农业生产方式的碎片化与农村实用技术培训的"有用无效"

从上述两个贫困村的种养业生产结构来看，W村和L村的户均耕地面积为9.67亩和9.86亩，虽然户均耕地面积较大，但是种植业以小麦、玉米、花生、红薯、谷子等传统的大田作物为主，小麦、玉米、花生、红薯等传统的作物的种植户数大都在90%以上，种植规模也大都在2～3亩。虽然种植一些杂粮和经济作物，如绿豆、芝麻、油菜、西瓜等，但是种植种类多、面积较小，零星分布，不成规模，是典型的小规模、碎片化的生产方式。如L村种植种类多达11种，W村则多达13种。养殖业方面大多采用个体农户散养的方式，不能够有效形成规模化养殖。W村养殖业中养牛31户，98头，其中养殖大户1家，有50头，其他农户家庭则为1～2头；养羊2户，约300只；养鸡10 500只，其中养殖大户1家，有6 000只。L村养猪820头，主要由2户养殖大户养殖；养牛23户，67头，每户1～2头；养蜗牛1 400窝，主要由5户养殖大户养殖；养羊9户，约150只；养鸡15 300只，主要由两家养殖大户养殖，其中一户养殖蛋鸡13 000只，另一户养土鸡2 300只。

把贫困户的种养殖结构和全村农户的种养殖结构对比可以发现，贫困户的种养殖种类更传统、规模更小，西瓜、蜗牛等现代种养殖农业在贫困户中则未出现。W村参加培训的贫困户中家庭收入全部以务农为主，户均耕地为8.71亩之间，主要种植玉米、小麦、花生、红薯，养殖以零散的牛羊为主，只有1户贫困户养羊150只，其他家庭则未养殖。2016年与2015年相比，种养殖规模基本保持不变，只有个别贫困户通过产业到户增收项目购买了1~2头牛。L村参加培训的贫困户中93.1%的农户家庭收入以务农为主，户均耕地在6~8亩之间，主要种植玉米、小麦、谷子、红薯，养殖以零散的牛猪鸡为主。2016年与2015年相比，除了养鸡的规模有较大变化外，其余都比较稳定。养鸡的规模增大，主要是有1户贫困户2015年贷款养鸡，并不断扩大规模的形成，其他贫困户的养殖规模一般都在3~5只左右。总体来讲，每家每户仍然采取传统的多样化种养模式，自给自足的特征依然明显。

我国农村土地经营体制的基本形式是小规模的家庭经营，这种分散经营的小规模的家庭经营劳动生产率低，农产品成本高，农民从事农业的相对收入低；小规模分散生产，势单力薄，无力抵御因市场竞争、需求变化带来的巨大市场风险，在农产品交换中交易费用高，在市场上处于不利地位。[1] 农村贫困人口以小规模的传统种养业为主，很难融入产业化发展的链条。在这种背景下，即使采用实用新技术，因为缺乏规模效益，其能够带来的新增产出也非常有限。而采用新技术必然带来生产过程的调整和生产者投入的变化，在新增产出不明显的情况下，有多少人愿意主动尝试这种改变呢？农村实用技术培训对于这种生产方式的意义，正如以下几位贫困户所说的：

　　　　人家讲得挺好，很实用，实实在在的，讲得都是结合农村实际的。我印象最深刻的就是讲的红薯育苗，以前咱是直接薅(拔)，人

---

　　① 国务院发展研究中心农村经济研究部课题组：《中国特色农业现代化道路研究》，北京：中国发展出版社，2012年版，第8-9页；韩俊：《中国农业现代化六大路径》，《上海农村经济》2012年第11期。

家讲的是用剪刀剪,剪了以后还能发,发了还能用,人家这有科学道理。我种了一辈子地,我也不知道红薯苗(栽的时候)还可以横着放能多结红薯,都用的老办法,别人怎么种就跟着怎么种……关键咱种的那几分地,都是自己吃的,不值那样做。(访谈记录:PHZ—20160811)

开展实用技术培训,效果也是有的,能用上,不过有些实际技术不好掌握,应该培训课程再举办多一些、实一点、细一点,要不然咱文化程度有限不好理解;老师讲的要相信科学种植技术,高科技种植可以提高产量、增加收入,你看就像玉米种植一样,过去传统办法种植就是不行,玉米生长期长、产量低,老传统种植玉米每亩只能产300～500斤,用好的种子、农药、化肥也能增加点产量,你看每亩就能多产百十斤,产量比过去老办法种植要高一些,不相信科学化种植不行啊。但他说的那种种子和肥料要贵得多,总体上算下来也差不多,收入上多不了多少。再说了,这两年粮食价格不景气,原来玉米一块二一斤,现在七毛多,也没用啊。再说养猪、养鸡什么的,要是养得多了,我觉得人家讲的那个还是比较好,需要科学管理。过去一年才能养一头猪,你看现在科学化养殖3个多月猪就能养成出栏,不相信科学喂养、规范化管理不行啊,思想陈旧不行,跟不上形势不行。(可是)咱老百姓一年就养一两头猪过年吃,养几只鸡平时杀着吃,也不卖,随便在家里撒点粮食就成了,管他那么多呢。(访谈记录:LXL—20161220)

大队举办啥技术培训的,哎呀,管他开展啥培训嘞,他讲得怪好,没啥效果!一点地能咋着,种得瞎、好都一样,去听半天课啥也记不住,胡种也能照样可以收,咱不收他们也收不了多的啊!他们怪能,咱也没饿死呀,就跟种大棚西红柿一样,技术员叫我种,我没及时种,比他们种得晚,我种那西红柿比他们种早的也长得差不多,你看那些种大棚西红柿的,种得比我早,起得比我早,管得比我好,天天听技术员讲怎样种植,咋管理、咋施肥、咋打农药,说得怪美,得多花钱,咱还记不住,没啥用处,听不听一样,我种的西红柿苗也不比他们种的西红柿苗长得差呀,管他呢,听不听讲课都一样。(访谈记录:LZG-20161220)

正如舒尔茨对传统农业均衡特征所描述的那样,贫困人口使用的农业要素是经过长期的经验积累而来,他们种植和养殖的技术是依靠经验和习惯继承而来,并且是已知的、确定的、不变的,对收入来源的农业要素的偏好也是不变的,他们更关心的是使用新技术的风险和不确定性,尤其对贫困人口更为重要。从访谈中可以看出,①由于当地的自然条件较差,农户基本上是靠天吃饭,因此对于他们来说学不学技术可能并不是那么重要,反正是靠天、靠"运气"吃饭,即使再好的技术如果天不下雨,照样也颗粒无收;②贫困人口对自身的技术是比较自信的,认为自己种的西红柿并不比别人差,养殖的猪、鸡照样能卖钱;③即使认识到技术培训能够带来一定的收益,但是使用这些技术要比传统的办法花费更多的成本,综合新旧技术,使用前后的变化并不是很大,预期收入也不是很明显,在这种权衡下使用新技术的可能性也就减少了。

贫困人口的弱能化构成和碎片化的传统农业生产方式导致的共同结果是贫困人口对农业生产技术培训需求的淡漠化、盲目性和碎片化。贫困人口的能力贫困,特别是文化程度较低,对于他们来说,掌握农村实用技术的难度较大,而且面临着使用新技术的不确定性和更高的成本,因此他们一般不会或不愿意接受这种新技术。当笔者在访谈中询问贫困人口的培训需求的时候,基本表现出来的是一脸的茫然,大多数表示自己也不知道需要什么样的技术培训,表示"政府培训什么就听什么"的态度,或者就选择培训那些自己种植的传统作物。一位贫困户(女,59岁)是这样回答笔者的提问的:

都好！都好！人家老师讲得不赖,当时觉着不错…(当询问培训需求时)呵呵,呵呵,我也不知道要啥,讲啥都中,反正听听也没坏处,你闲着也闲着。那都是政府安排的事,他讲啥咱就听啥。(访谈记录:CW-20160811)

前一章提到的另一位贫困户PHZ(63岁),当笔者询问如果下次培训还需要讲什么内容时,是这样回答的:

下次讲了还想听,还想去,它培训啥咱就听啥,技术没啥坏处。最想听的就是养殖、种植,咱农村、农民就是结合这讲讲。(访谈记录:PHZ-20160811)

传统农业本身就是一种在现有条件下资源和技术的均衡的状态,对于他们耕种的那几亩土地来说,已经是资源配置效率较高的了,甚至不再需要引进和掌握新技术,与其说他们有农村实用技术培训的需求,还不如说在现有的资源环境条件下他们就没有什么需求,他们就不需要培训;如果要让他们一定选择需要培训的内容,那么碎片化的农业生产方式使得他们的需求也相对碎片化,并且以传统的农作物种植技术为主,甚至由于太琐碎,自身也不知道需要什么技术。表4-6是笔者在对L村村民问卷调查时,询问如果下次再来村里培训,自己最希望得到哪种类型的技术培训。

表4-6　L村贫困人口最希望接受的培训内容和参训人数

希望接受培训的内容	选择希望接受培训内容的人数(人)	占总培训贫困人口的比例(%)
玉米种植	14	41.2
小麦种植	14	41.2
红薯种植	16	47.1

续表4-6

希望接受培训的内容	选择希望接受培训内容的人数(人)	占总培训贫困人口的比例(%)
辣椒种植	8	23.5
花椒种植	18	52.9
牛养殖	6	17.6
羊养殖	2	5.9
猪养殖	4	11.8
鸡养殖	2	5.9
蜗牛养殖	2	5.9

从表4-6来看,选择花椒种植技术的贫困人口最多,从前面的论述可以看出,该村在2015年底由驻村第一书记帮扶,种植了千余亩花椒,贫困人口参与较多。因此,对这些贫困人口来说,他们本身没有花椒种植的经验,既然种植了,那就要学习花椒种植的技术,好好地管理。但同时我们也可以看出,除了花椒种植技术以外,玉米、小麦、红薯种植技术的选择人数也相对较多,这就是碎片化的农业生产方式导致的直接结果。正如前面所分析的,对于这种传统的碎片化的农业生产方式即使再如何培训,贫困人口一般只是听听而已,在农业生产实践中大抵是不会去使用的,也就无从谈起实用技术培训给贫困人口的家庭收入带来较大的变化。

综合以上三章的内容,笔者发现贫困人口的弱能化构成和政府、培训机构的简单化培训方式与传统农业的碎片化生产方式叠加在一起,共同阻碍了农业实用技术培训的效果,致使有用的实用技术培训找不到发挥作用的着力点,致使政府主导的贫困人口能力建设项目陷入一种"有用无效"的结构性困境。但更重要的是,与其他研究不同的是,本研究认为传统农业生产方式的碎片化是这种结构性困境的根本性原因,因为贫困人口的弱能化构成是既定的事实和前提,即使政府和培训机构瞄准贫困人口,以满足贫困人口的基本需求为出发点设置培训内容,即使贫困人口能够学习并掌握这些实用技术,但是农业生产方式的碎片化导致的结果是这些需求本身就是可有可无。因此,建立在需求基础上的技术培训也是可有可无的。他们在限定的条件下,对已有技术和要素的配置是高效率的,对预期的收入也是确定的,采用新技术后的边际效益也是下降的,导致贫困人口一般不会在农业生产实践中采用这些新技术,即使采用了这些技术,新技术对这些传统作物的作用也是有限的,所带来的收益也不会太大。

三、转技为能:贫困人口能力建设取得实效的可能性

不过,从 L 村的调研中也可以看到,该村第一书记驻村帮扶后,引导农户和贫困人口参与种植花椒,已有千余亩规模。花椒属于高效经济作物,今年是种植的第一年,苗木较小,四年后才能有经济收入。但驻村第一书记给笔者算了一笔账,按照目前的行情,每亩花椒至少能收入 1 万元,而种植传统的玉米和小麦,就算是 1 亩地种两茬,最多也就收入 1 200 元。花椒种植技术今年培训了幼苗的剪枝,贫困户反映良好,以后还会定期找技术专家指导。在实用技术培训的实用性评价和培训需求中,贫困人口对花椒种植技术的培训需求最大,这正好说明了当外在于贫困人口的生产要素环境的平衡状态被打破后,一种新的生产要素对他们有利或者有预期的收益的时候,他们才会主动接受和学习新的实用技术,才能找到农村实用技术的着力点。

由此可以推断,把实用技术培训和农村产业化相结合,才能打破这种传统农业生产方式的均衡性,给贫困人口带来效益和利益的时候,他们才可能会主动接受和使用新的技术,这样农村实用技术培训才能找到有效的新的可能性。鉴于此,笔者对农村实用技术培训效果较好的 N 县 G 村进行了调研,探讨了农村实用技术培训如何与贫困村产业发展相结合,产生相应效果的过程。

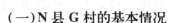

（一）N县G村的基本情况

G村距县城8千米，全村455户，2 045口人，在册耕地面积3 350亩，11个自然村、17个村民小组分散在6.5千米长的山涧两侧。金珠沙梨是G村的特色主导产业，由退伍军人、高级农艺师、省级劳模、全省优秀共产党员LYX培育发明，G村金珠沙梨是A级绿色产品、农业部农产品地理标志认证产品。全村目前金珠沙梨种植面积达到2 500亩，其中挂果面积1 200亩。全村10亩以上种植户15户，5亩以上种植户85户，贫困户人均1.5亩；2015年全村金珠沙梨产量330万千克，亩均产量3 000千克；销售价格每千克平均3.2元，产值1 000余万元，亩均产值9 600元。

G村制定的脱贫攻坚规划计划通过2～3年努力，全村金珠沙梨种植面积达到3 000亩以上，围绕金珠沙梨产业扶贫，开展金珠沙梨产业规划、田园乡村规划，办好梨花节和金珠沙梨采摘节，走现代农业同乡村旅游相融发展之路；实施品牌发展规划，对金珠沙梨进行品牌策划、包装、宣传、推广，申请工商地理标志商标，争创名牌农产品。打造金珠沙梨电商平台，进行线上推广、宣传、销售，拓宽市场销售渠道。目前G村金珠沙梨电子商务服务中心，GY金珠沙梨合作社社员服务中心已经建立运营。

（二）农村实用技术培训在特色产业发展中的应用

1. 良好的产业发展基础是产生实用技术培训有效需求的前提

从上一章的分析可以看出，有效的技术需求是产生良好培训效果的重要基础。由于贫困人口所从事的农业生产方式是传统性的、碎片化的，导致的结果是技术需求琐碎，而且收益明显受到抑制。由于建立在传统农业碎片化方式基础上的技术需求是低效的，甚或是无效的，即使应用了这些技术也并不会给其收入带来较大的改观。因此,贫困人口并不会在农业实践中去尝试应用,就更谈不上产生相应的效果了,所以培训的内容很快被贫困人口抛诸脑后。那么,如何产生有效的需求呢? 笔者发现,良好的产业发展环境是导致有效需求的基础。从 G 村的产业发展来看,沙梨种植已经成为该村的主导产业,家家户户种植沙梨,并且已经成为贫困人口脱贫致富的重要途径。按照亩均产量 3 000 千克计算,每千克 3.2 元的销售价格,亩均收入9 600元,大大高于种植传统作物的 1 200 元的收入。因此,贫困人口种植沙梨的积极性很高,对沙梨种植技术的需求也较大。如该村村支部书记介绍道:

> 金珠沙梨是我们村的主导产业,全村 455 户都种植沙梨,158 户贫困户每一户也都种植在 1 亩以上。围绕我们村的这个特色产业,县扶贫办与铁路学校这几年连续培训了好几次,以前的都不说了,去年培训了 3 次,近几年每年都要培训,大家还是缺少这个技术。2015 年贫困户有 50 户享受了到户增收项目,结合当年的产业来这培训。培训在册的人数好像是 72 人,①但每天来的人好多,一百好几十人,每天百十人教室里都坐不下,外边走廊里都有人旁听,盛不下的人都在走廊里坐着听。规定的是 60 岁以上的,年龄大的不叫你技术培训,可是你说有产业的人,你不让我来,我就是挤到那,非得要来听,都是缺少技术。通过这培训,群众收获也不小,讲的这果树的施肥、土壤改良、农药,定期这每月的农药(使用)。前三天是讲(理论),后三天是实地操作,主要是讲实地操作,怎样种植、嫁枝。好像村里的人在党校还培训过一次,反正群众的积极性可高,年轻的"80 后""90 后"都外出务工了,年龄大的这些人都

---

① 笔者在 N 县扶贫办提供的农村实用技术培训档案中查询,当年在册培训人数为 68 人。

照顾地,老头们都通①积极着呢。(访谈记录:HXM-20170104)

G村驻村第一书记WSY也是这样说的:

> 老百姓的积极性可高,你一说给他讲技术呢,他跑得可快,免费的技术培训群众积极性可高,他种的有梨,他缺少的就这技术,都愿意来听,嫁枝、农药,一亩地投资1 000多块钱,正常纯收入有4 000~5 000块钱。不过扶贫系统的技术培训每个贫困户只能享受一次,去年享受了,系统里有了就登录不上去了,今年就不能享受了。实际上培训的是啥情况,这次只能坐50个人,安排了50户,但是除了这50户,别的人还愿意来听,你能让人家不来听?我们不能干涉,群众愿意来你就让人家听,录不上(系统)对群众来说无所谓,但是这个技术你得让群众听,咱这群众普遍都种的这东西,这种技术都是欠缺的。每次来讲的老师都不一样,他的技术比你的高,所以说老百姓都愿意来听。农业这不断地更新,往年用的(农)药,今年又有新产品上市。所以老百姓最近就问,今年的培训怎么还不弄?办培训班不办?我说办,过了年,正月十五之后就办。扶贫办的不能再享受了,人社局、园艺局的梨果办的都可以享受。我们这个村比较大,老百姓对技术的需求大,而扶贫的培训每个人只能享受一次,那我们就采取分批培训,这次报的是50人,但大家都可以来听,下次再报50人,还是这些来听,这样老百姓就能多听几回。
>
> 该乡镇有24个村,其他村也种植沙梨,但是G村的种植规模最大,我们村本来就有种植沙梨的优势,然后请县里面的专家进行技术培训,村民积极性很高,都能熟练地掌握树枝的修剪、专用肥

---

① "通",地方方言,表示"非常""很"的意思。

的使用、病虫害的防治，懂得这些技术就是不一样，特别是修剪的技术，产量也能提高不少，培训的时候隔壁村的也都来听。平常的时候，都叫别村的人来帮忙，别人边帮忙边学技术，很快就学会了。他们想发展沙梨，地都整好了，就等着栽树了，还请我们的人去讲解，还给讲课费呢！（访谈记录：WSY-20170103）

可以看出，在 G 村家家户户种植沙梨的情况下，种植户对沙梨栽培技术的需求是比较大的，而且积极性也很高。为了让种植户能够享受更多的培训，在扶贫系统技术培训每个贫困户只能享受一次的情况下，通过变通的方式，多次分报，分批培训，同时村委会也邀请不同部门的技术专家来村培训。并且在该村附近村庄也都种植沙梨，这些技术还能发挥联动效应，农户之间经验相互传习，起到了较好的作用。这种情况也同时说明了一个问题，也就是农村实用技术可以通过经验交流发挥作用，并不会因为贫困人口的文化水平低就能限制其学习和应用，关键的是贫困人口是否有较大的技术需求，只要有较大的需求，贫困人口也是愿意并积极参加相关的技术培训。

那么，这些实用技术的实际效果如何呢？笔者调研了该村的部分贫困户，家家户户都表示实用技术很实用、能用上、有效果。如有一户贫困户，60多岁了，12 年前承包了该村的 9 亩荒山，现在梨树已经挂果产生效益，2016年又承包了其他农户的 5 亩土地，全部种植沙梨。他是这样认为的：

比种庄稼强，培训的内容有果树的修剪、用药、施肥。讲的内容很实用，培训的时候不光是我们大队的，还有（其他村的）人来听呢。现在都种沙梨树，一听说有这培训班都来听。农药、化肥用了之后能提高产量，不相信人家这科学那不中，（没培训）以前都上碳铵，碳铵便宜嘛！现在尿素、碳铵都不用了，都上果树专用肥，效果还可以，产量能增加，没有仔细算过，但是感觉增加一两千斤没问题。复合肥的成本要高些，原来用碳铵尿素一亩地得花百十块钱，现在用复合肥就是120左右，但是产量能增加不少。

　　（笔者在访谈时，该农户手里就拿着修剪树枝的剪刀，当问及原来会不会修剪的时候，该农户说）原来不会，随便剪剪，你看那光线什么的都得照顾到，枝老密光线达不到也不中，原来不会剪光让树枝长，长长就不接果子了。当时讲了之后去地里实践，不实践光听天书不中，现在这村里的人（修剪树枝）虽然不咋着，但都略知一二，都能修剪。（访谈记录：DHC－20170103）

2. 有效的需求能够促进实用技术的迅速应用

　　良好的产业发展基础是产生实用技术培训有效需求的前提，有了有效的需求，实用技术才能被应用于农业生产实践，这又是实用技术发挥效果的前提。笔者在调研中发现，G村良好的产业发展环境，使得贫困人口对沙梨栽培技术的需求大，对实用技术培训的印象都较为深刻，甚至能够记清楚技术操作的一些细小环节，并能够迅速地运用于生产实践。如前面提到的贫困户DHC和另一位贫困户CGQ就谈了自己如何运用梨树栽培、施肥和防冻的一些知识。

　　我去年承包了别人的5亩地，全都种沙梨了。当时老师讲的树苗与树苗之间的宽度（应该为密度）是3米×5米，这次就按照他讲的种的，以前的树都是胡乱栽的，现在长大了，有些树太密了，影响结果。另外在栽树之前要先挖好坑，长宽高都是80厘米，要把秸秆、土粪和土拌匀再埋好，等下雨了再栽，这些都有科学道理，树苗的成活率就是高，照着以前，栽苗的时候挖个坑，直接放进去浇点水就行了，那种方法还是不行。老师还讲了提、压的方法，①就是栽

---

　　① 后来笔者查询培训资料，为"一培二提三压实"的方法，边复土，边向上轻提苗木，边压实，使根系伸展，与土壤充分接触。

树苗的时候放点土然后往上提一下,这样树苗的根就顺了,再压实一点。还有就是刚栽完树苗浇完水可以用塑料薄膜和草盖一下,是为了保墒。这些技术都很好,我都按照老师讲的栽的,现在看看效果还是不错的。(访谈记录:DHC-20170103)

技术专家们讲得都不错,给梨树施肥还可以分大小树、时间,这个以前就不知道,啥时候有肥料啥时候就上,下雨了撒点。老师培训的时候讲了5月和10月是最好的施肥的时间,小树要上磷肥,大树要上氮肥和钾肥,这些我们记不住,也不知道为啥,但是合作社可以给我们提供专用肥,有小树用的,有大树用的,现在的科学真发达,不讲谁知道这些。

梨树有时候会冻着,老办法就是放烟,但是为啥我们也不懂。上次老师讲了,防冻效果最好的是给果园浇水,放烟也可以。真正起防冻的是烟雾,不是火越大越好。要让在放草的时候,先放上一层干草,再放上一层湿草,干草湿草混合着放,这样出来的烟多。关键是啥时候放,我们觉得可能会冻的时候就放,看天气预报零度以下才放。专家说果园放烟时间太晚,零度以下再放烟就太晚了。白天温度降到五六度的时候就要给果园浇水,晚上两三度的时候就要放烟,这样烟能把整个果园都罩住,才能更好地起到防冻作用。现在我们都很关注天气预报,并且家里都有温度计,看到专家说的那个温度,就在果园里浇水、放草放烟。(访谈记录:CGQ-20170104)

3.特色农业的产业化、市场化带来惠农利贫的效果

舒尔茨认为农业经济的增长主要取决于现代(非传统的)农业要素的可得到性和价格。如果他们能够得到这些新的生产要素,向农业的投资变得

有利了,农民就会接受并学会最好地使用现代要素。① 那么这些新的生产要素如何得到呢? 他认为有利性的差别是解释接受速度的最好方法,因此就不必更多地用人性、教育和社会环境方面的差别去解释。这种有利性主要包括市场、新要素的价格、作物产量的增加。有学者认为从理论上讲特色农业做大做强并不必然惠农利贫,但是特色农产品属于劳动密集型产业,在做大做强的过程中也会必然给贫困人口带来相应的利益。本学者利用产业链和利益相关者交叉的视角,对东部地区若干具有典型特征的特色产业链关键环节的讨论发现,标准化的基地可以发挥品牌示范效应,企业和合作社提供统一的标准,散户可以参与其中的生产环节。产业的做大做强必然产生涓滴效应,在产业化的前期政府可以加大农业研发、推广,加大对农业、农户的投资和补贴,鼓励合作社和龙头企业带动和扶持贫困户发展。② 从前面的论述可以发现,沙梨王栽培技术能够增加梨树的产量,下面就 G 村沙梨产业市场的发展进行分析。

　　G 村是其所在 M 镇和 N 县沙梨的原产地和主要产果区。G 村沙梨种植面积已经达到 2 500 亩以上,M 镇的种植面积为 6 000 亩,全县种植面积为 10 000 亩,是全镇和全县沙梨种植面积的 41.7% 和 25%。近年来,N 县县委、县政府把金珠沙梨产业作为特色脱贫主导产业进行打造,制定出台了专项扶持政策。M 镇党委政府鼓励、引导农户开展规模种植、集约经营,通过发展绿色果品、有机果品,不断进行改良,提高产品价值,激发农户向"高产、优质、高效、环保"的方向发展。目前 M 镇正在围绕金珠沙梨产业做文章,把金珠沙梨产业作为精准脱贫的重要途径,重点打造中国"金珠沙梨之乡"。运用"互联网+"思维,通过互联网平台进行宣传推广、品牌包装。与专业机构进行合作,先后成立了 M 镇 G 村金珠沙梨电子商务服务中心和 GY 专业

---

① 〔美〕西奥多·W.舒尔茨:《改造传统农业》,梁小民译,北京:商务印书馆,2006年版,第125页、140页。
② 陆汉文:《东部地区特色农业发展路径:产业链与利益相关者的交叉视角》,《当代农村财经》2016 年第 7 期。

合作社社员服务部，通过 B2B、B2C 等电商运营平台，以此促进电商发展建设，从而拓宽金珠沙梨销售渠道。同时，以"金珠沙梨"为主导，带动技术培训、仓储、物流、加工、乡村休闲旅游、特色农业等多产业共同发展，构建品牌体系和市场营销及服务体系，形成完整的产业链条和循环经济体系。培育龙头企业和示范果园，打造"金珠沙梨"品牌，进一步提升品牌知名度和美誉度。该村第一书记表示介绍了沙梨品牌的营销手段：

> 我们村的沙梨主要销往郑州 WB 批发市场，在我的村里面，年轻人也种、老年人也种，但是每年的销售确实也是个问题，都是别人来你们村里面买的，到你家买你家，到别家买别家，如果能办一个培训班，培训一下群众销售，就好了。去年 8 月也有合作社，给群众带来的帮助也不小，今年通过品牌打造、宣传、包装、营销，这一块乡里面下了很重的心思，给我们村也做了很大的贡献，在营销这一方面觉得比往年做得更好，推广要更广阔一些，都特别实在，天天在村里待着呢，在营销这一块真的费力气了，在 L 市你们可能都看到在电视平台上都做着我们的广告。像今年的，在 L 市的电子屏幕上，包括一部分的公交车站牌上，广告栏里面，现在都有我们的产品的广告，光在广告这一块我们投入的有 30 多万，专门来做这个品牌，打这个广告，包括一些小区的电梯里面。这个前期的工作肯定是由财政来出，前期的广告和销售这一块儿你要是让群众来出的话，群众肯定没有人愿意，这都是政府来的，政府今年可重视这一块儿。
>
> 去年通过扶贫办的帮扶，建立了电商平台，销路上通过电商平台销售了四五万斤，贫困户的沙梨都是通过电商销售的，首先就是销售贫困户的。在村里还成立了服务部，还成立的有质保队，让年轻的人通过电视放一些视频，有农药配备，对贫困户、种植大户统一施肥、打农药。现在以合作社的名义修建了冷库，统一存放，统

一拉出去卖,然后按照实际的重量给老百姓分钱。比如说总共有6 000斤,卖了10 000元,你家有600斤,那就给你分1 000元。刚开始下来的时候,大家都卖,价格低,卖不上好价钱。现在成立合作社的目的就是这,控制住价格,恶性竞争缩小一点。比如说企业的人来收梨,本来五块钱一斤的梨,村子前头的人卖三块钱一斤,企业的人把梨一收就走了,不收后面人的了,最终吃亏的还是群众。(访谈记录:WSY-20170103)

政府对于产业发展的大力支持、良好的市场环境和销售手段给农户和贫困人口的农产品销售带来了很大的方便,而且通过合作社的统一管理,保护了散户的利益,使种植户的风险降低,有利性增加。并且在合作社和电商发展的过程中,优先销售贫困户的农产品,这些措施提高了贫困户采用这些技术的积极性。如G村第一书记WSY所说:

在销路这一方面,从去年开始跟L市的一个公司和农产品批发有限公司进行合作,一方面是走电商平台和线上销售,专门成立了电商服务平台,现在线上基本上可以卖到五块到六块,这个是从2016年开始实施,今年刚卖几万斤,线上销售的还不错;另外一个就是线下销售,就是通过打广告提高梨的知名度,知道这个梨的毕竟比较少,它的功能和它的价值好些人还是不了解。从2015年底开始搞各种节,例如采摘节,通过各种途径来提高梨的知名度,你只要把知名度打出去,销售渠道拓宽了群众才能在里面得到更多的实惠,群众只有得到实惠的群众才更有动力,你不管培训也好还是各方面也好,有动力了、尝到甜头了他才愿意继续来弄这种东西。如果说你现在弄不出来甜头,就像今年的梨的销售就不是太好,如果有个一两年销售得不是太好,不好卖群众就不愿意种了。经常出现这种情况,等梨的价格卖得贵的时候大家一窝蜂就上了,到便宜的时候,说砍就砍掉树了。这一块目前前期的工作肯定是由政府来带头,牌子得打起来,打起来让它步入正轨之后,政府就可以慢慢退出来了。(访谈记录:WSY-20170103)

从调研中笔者也发现,G村由合作社牵头成立了G村沙梨质保服务队,对该村所有的种植户包括贫困户集中统一提供梨苗、肥料、农药,保证梨产品质量的统一性,并且集中供应能够降低成本。如该村第一书记WSY介绍:

> 在品种改良的方面,村里有叫LYX的人,他就是沙梨的开创人,原来的野生梨不能吃,通过改良、嫁接,技术就一直不断在更新,这种品种到现在一是结的果大,二是果子稠,经过不断的改良,花粉的授粉,他种出来的果子就是好吃。他经常钻研,用的化肥也不一样,别人都上农药,但是他不上农药,没有公害,有机食品,经常有人去他里面参观,带动别人。经过20多年的培育,在这个过程中通过河南省农业大学和省农科院的相关专家来指导和帮助下,慢慢发展成了我们这种大的沙梨,在去年取得了国家农业部的优级沙梨证书。我们现在通过专家的培训,让群众知道这个梨怎么种植,同时对于土壤和施肥这一块都进行培训,就是你定期该施什么肥,嫁接的时候怎么嫁接,在技术这一块一方面是培训,另一方面是从去年开始成立了专业的合作社,成立了公司。现在有个大学生返乡创业的,专门到村里面以他为头,包括贫困户、非贫困户,你要愿意参加就参加,你过来之后他给你讲一下技术,要上什么药就上什么药,要上什么化肥就都上什么化肥,保证梨的质量和品种,大家都是统一的。(访谈记录:WSY-20170103)

正如有学者指出的,特色产业发展起来,就会形成集群效应,降低获得生产资料、技术服务的成本,拓展农业利润空间,给贫困户开辟脱贫致富的通道。[①]

通过本章第二部分和第三部分的分析可以看出,传统农业生产方式的碎片化是导致贫困人口能力建设"有用无效"结构性困境的根本性因素。由于规模小、碎片化,传统农业给贫困人口带来的收益甚微,以至于他们不会在农业生产实践中去使用这些实用技术,进而也就不会产生相应的扶贫效果。而根据 N 县 G 村的研究发现,对于商品化程度较高的现代农业产业,由于有较好的产业基础,贫困人口对农村实用技术培训的需求较大,较大的需求致使有用的技术迅速地应用于农业生产实践,并能够给他们带来较高的效益。农业产业化、商品化具有较强的惠农利贫效应,贫困人口嵌入产业化的发展链条之中能够减少他们相互之间的恶性竞争,降低他们自身单独发展的风险和享受较低廉的服务成本。因此,农村产业化能够给农村实用技术培训提供发挥作用的平台,使其有用技之地,在精准扶贫实践中把二者很好地结合起来,是贫困人口能力建设"有用无效"结构性困境的破解之道。

---

①　陆汉文:《东部地区特色农业发展路径——产业链与利益相关者的交叉视角》,《当代农村财经》2016 年第 7 期。

第五章 结论与讨论

本研究以豫西4个国家级贫困县农村实用技术培训为例,以Y县农村实用技术培训为分析重点,通过引入政府购买公共服务中相关利益主体的组织关系和项目影响评价的逻辑框架法,构建了"基层政府—培训机构—贫困人口"相互关系的理论分析框架,以它们的相互关系为线索,从基层政府和培训机构的执行状况、贫困人口的能力构成状况和农业生产方式的碎片化等方面对农村实用技术培训的开展过程进行了分析与总结,结果发现贫困人口能力建设存在"有用无效"的结构性困境,碎片化的农业生产方式是这种困境的根本性影响因素,突破了以往研究只从三者关系中寻找问题原因的桎梏。

一、"有用无效":贫困人口能力建设的结构性困境

"雨露计划"中的农村实用技术培训是由政府主导、通过购买公共服务的方式提高贫困人口技能水平的扶贫项目,涉及政府(服务委托者、监管者)、培训机构(服务生产者)和贫困人口(服务接受者)三类行为主体。多元主体及其关系为认识培训效果提供了重要线索。一些已有研究将培训内容不能满足培训对象需求、培训课程技术含量过高、扶贫部门没有可靠方法防止代理部门舞弊或不当作为等作为培训效果不够理想的原因,也是循着同样进路找到的答案。本研究基于豫西4县农村实用技术培训的实践发现,尽管政府和培训机构都做出了巨大努力,希望能够提供贫困户需要且能够产生实效的培训服务。实际情况是,培训供给者确实瞄准了贫困人口,确实采取了及时跟进贫困人口培训需求的灵活措施,贫困人口确实也对农村实

用技术培训给予了较高的评价,但根据培训对象需求提供的培训服务很快就被培训对象抛诸脑后,并没有产生推动种养业发展和脱贫增收的实际效果,进而使得农业实用技术培训陷入"有用无效"的困境。本研究发现政府、培训机构的简单化培训方式、贫困人口的弱能化构成是导致培训效果不彰显的重要原因,但根本原因则是小规模、多样化的农业生产方式。小规模与多样化叠加而成的碎片化农业生产方式,使得实用技术的学习与应用属于投入多而琐碎、收益受到明显抑制的行为选择,当然农村实用技术培训也就不会产生相应的扶贫效果。"有用"与"无效"两种现象背后表现的实质是贫困人口能力建设的一种结构性困境。

在针对服务对象的文化水平问题上,认为服务对象素质低,接受能力差,参与的积极性不够。本研究也发现了这种情况,贫困人口的弱能化构成是影响农村实用技术效果的重要因素,他们较低的文化水平确实影响对实用技术的接受能力。但反过来说,贫困人口的弱能化构成是既定的事实和前提,即使能够掌握新的实用技术,他们就能把这些技术应用到农业生产实践吗?从本研究的研究来看,答案是否定的。贫困人口所在的农业生产环境才是根本性的,即使贫困人口掌握了这些新的技术,由于碎片化的农业生产方式,新的技术带来的边际效益是很小的,对他们来说应用新的技术是微利的,他们大抵也不会去应用于农业生产实践。另外,在一个临近的区域内,贫困人口的能力构成应该相差无异,但是 N 县 G 村的农户可以应用这些实用技术,在农业生产实践中相互学习,经验交流。因此,贫困人口的弱能化构成是影响接受实用技术的重要因素,但不是根本性的。

另外一种观点指出贫困地区劳动力转移培训存在一些技术性和制度性问题,如扶贫部门在技术培训、劳动力就业市场和信息方面不具有任何优势,在培训人员和实际就业人数的监测方面,也没有可靠的方法来避免委托或代理部门的舞弊或不当作为,同时由于培训补贴标准较低,对培训机构参与合作的激励也不足。① 代理问题是任何委托代理关系中都存在的基本问题,诚如本研究所发现的,基层政府扶贫部门也承认有可能产生代理问题,但可以通过严格的监督和管理,减少这种问题发生的可能,能够确保培训对象的精准性、参与率,并能以贫困人口的需求为基础开展培训。

根据政府购买公共服务相关主体关系的线索,本研究也能够找到与其他研究相似的结论,但与以往研究不同的更重要的发现则在于,如果不把分析触角延伸到农业生产实践中,并将农业生产方式的结构性特征纳入分析视野,仅抓住多主体关系展开探索,得出的可能仍然只是表面化结论或似是而非的结论。换言之,不论在政府、培训机构等培训供给者那里,还是在贫困人口那里,抑或是在三类主体的关系中,都可以找到培训效果的影响因素,但更根本的因素则是外在于多主体关系的农业生产方式,即碎片化农业生产方式才是农业实用技术培训"有用无效"的根本原因。

本研究在对培训效果的考察上,不仅仅以贫困人口对农村实用技术培训实用性的评价和满意度,以及实用技术能力的提升作为培训效果评价的最终衡量指标,还突破了以往研究的简单化和表面性评价倾向,认为农村实用技术培训的效果分析还有第二个层次,即提升后的能力是否能够在实践中充分发挥效用,进而推动生产效率的提高。"有用"知识和能力要带来"有效"的生产活动和物质财富,还涉及农业生产的实践过程,这个过程中包含一些在实用技术培训之外却又对培训活动具有重大反馈作用的影响因素,揭示这些因素是阐明实用技术培训效果及其影响因素的突破口。

二、贫困人口能力建设结构性困境的影响因素

(一)基层政府和培训机构的简单化培训方式是影响贫困人口能力建设效果的直接原因

从控制权的视角来看,基层政府是农村实用技术培训的实施者,但是在

---

① 吴国宝:《扶贫开发重点工作的有效性讨论》,《老区建设》2008 年第 5 期。

实践中基层政府不具有直接实施培训的能力,一般是通过择优建立培训基地,把培训基地纳入部门管理的体系,然后把农村实用技术培训的任务直接委托和分配给培训机构来实施。

从农村实用技术培训的目的和培训内容来看,上级政府规定农村实用技术培训的目的是培育和促进特色产业发展,带动贫困人口增收脱贫,培训内容要紧扣这一目的,结合脱贫规划和产业扶贫项目,重点选择有利于贫困户增收脱贫的农村实用技术开展培训,结合不同生产、服务、管理等环节和农时季节的需要,聘请专家或技术人员传授实用技术、破解产业发展中存在的技术、经营和管理难题。从本研究来看,基层政府扶贫部门直接把培训的数量任务平均分配给本县的培训机构,并没有对培训的内容做出规定,而是由培训机构自身深入贫困村,征求贫困户的意见,然后开发和设置培训内容。基层政府基本的出发点是以"贫困人口需要什么就培训什么",让参训对象满意。这一以"贫困人口需要什么就培训什么"为目标的委托方式直接导致的结果就是培训机构也以满足贫困人口需求作为首要的目标,并非侧重于贫困村的产业发展,本身就偏离了以培育和促进特色产业发展这一农村实用技术培训目的的初衷。农村实用技术培训是否与特色产业相结合,取决于贫困人口所在的农业生产实践环境,然而从 Y 县两个培训机构 2016 年开展的实用技术培训情况来看,实用技术培训与特色产业发展相结合的较少。

再从基层政府在农村实用技术培训中的目标和行为逻辑来看,基层政府一方面要面对上级政府的检查,另一方面要对培训机构的培训情况进行检查。研究发现,Y 县基层政府扶贫部门在培训效果难以直接观察的前提下,只对培训机构的准备情况、贫困人口的参与情况等进行形式化的监督,并以贫困人口对农村实用技术培训的满意度作为评价标准。对于基层政府来说能够确保扶贫部门自己不挪用专项经费、贫困人口确实都参加了、贫困人口都满意了,那就达到了基本的目的,这种形式化的监督是确保不出事的基本方法,至于农村实用技术培训是否与贫困村的特色产业相结合并不是必须检查的内容。因此,也大抵不会采取任何有助于培训效果的创新方式来促进贫困村的特色产业发展。

从培训机构的角度来看,其最终的目标和基层政府是相似的。基层政府并没有特别地强调实用技术培训的目的和内容,那么,完成培训的数量指标是首要的任务。在这一过程中,培训机构必须想尽一切可能的办法,诸如发放礼品之类的办法动员贫困人口积极参与,因为在一个村庄内参与的人数越多,其培训的成本就越小。培训机构同样要面对基层政府的监督和检查,这种监督和检查的形式与上级政府对基层政府的检查极为相似,包括参训对象的精准性、出勤率、对培训效果的满意度等。要让参训对象满意,就只能以满足其基本的需求为主,由于参与培训的人员以老年人口、妇女为主,接受能力弱,并且以传统的农业为主,面对这些参训对象,只能开展一些琐碎的、普及性的实用技术知识。这样导致的结果就是参训对象对培训结果有较高的评价,认为这些实用技术会对种养殖有所帮助,是"实用"的,但由于自身条件的限制一般并不会去使用,从而也就不会产生相应的扶贫效果。

(二)贫困人口的弱能化构成是影响培训效果的重要因素

舒尔茨认为在解释农业增长的差别的时候,农民的能力的差别是最重要的。由于剩余的贫困人口贫困程度深,集中表现在老龄化严重带来的劳动能力逐渐丧失,较低的文化水平和贫困形成一种恶性的循环。参加农村实用技术培训的贫困人口由于文化程度低,参与培训的积极性不够,大多数是经过村委会的"政治动员"后被动参加的,有些是在从众心理下或抱着试一试的态度去参加培训的,本来对农村实用技术培训接受能力弱,再加上被动的心理,实践中也不大可能尝试使用新技术。

培训机构开发和设置培训内容的方式是"贫困人口需要什么就培训什么",而贫困人口的弱能化构成是导致贫困人口对农村实用技术培训的需求淡漠化,并不清楚自身需要哪类技术培训,结果就出现"培训机构培训什么就接受什么"的状态,如果征求他们的意见,那么传统的种养殖业就是他们的基本需求。对于贫困人口来说,面对外来的免费培训,仅仅是把它当作政府给予的一种福利,培训的内容与自身的农业产业结构不相关并不紧要,只不过听听而已,对自身并没有什么坏处,对于政府开展的培训内容就会很快抛诸脑后。因此,贫困人口对农村实用技术培训的评价并不是以提高自身能力和促进产业的发展的角度出发的,所以才会出现自身并不从事某一类种养殖业,但仍然会给予较高的评价的现象。由此可观,从贫困人口对培训内容实用性和满意度的评价来衡量农村实用技术培训的效果就显得很不科学。

从另一个角度来看,贫困人口的能力贫困是一个既定的事实和前提。舒尔茨在对帕那加撒尔和塞纳普儿农业社会的研究发现,这些贫穷地区农业生产中要素的配置是高效率的。对这些贫穷而有效率的社会来说,在现有的土地、劳动和资本的条件下,所看到的贫穷状况并不是要素配置的低效率而造成的。[①] 因此,贫困人口能力贫困(文化水平低等)这一事实并不意味着他们在现有的条件下对自己所拥有的要素配置的边际成本和收益标准反应迟钝,能力贫困只能表明"人的因素所具有的能力小于他们获得了与教育相关的技能和有用知识时所具有的能力",[②] 较高的教育水平可以提高劳动生产率,但它并不是有效地配置现有要素存量的前提。在能力贫困是一个既定的事实的前提下,如果现有的培训方式效果不明显,政府和培训机构也可以不采用集中培训的方式而选择单家单户的培训方式手把手地去教,但是反过来讲,在大规模的市场化、商业化的背景下,单家单户的教授实用技术一方面成本比较高,当地也不具备这样的培训条件;另一方面,即使具备这样的培训条件,个性化的、有针对性的培训也没有多大的意义,因为基于贫困人口产业基础的需求本身就是传统的、碎片化的,面对诸如规模化的种

---

① 〔美〕西奥多·W.舒尔茨:《改造传统农业》,梁小民译,北京:商务印书馆,2006年版,第43页。
② 同上,第43页。

植和养殖,即使通过农村实用技术培训能够提高贫困人口的知识和技术水平,掌握了某一种种养殖实用技术,由于产业规模较小,这些知识和技术对现有条件下的生产要素的高效率配置并不会产生显著的成效,也不会对其收入带来明显的增加。因此,产业化、规模化是贫困人口能力建设取得实效的前提,也就意味着贫困人口弱能化构成确实是影响能力建设的重要因素,但不是根本性的。要想探讨影响农村实用技术培训"有用无效"结构性困境的根本因素,必须从贫困村庄和贫困人口所在的环境要素和资源禀赋入手,方得根本。

(三)传统农业生产方式的碎片化是贫困人口能力建设效果不彰显的根本性因素

从本研究的研究结果来看,由于贫困地区自然条件相对较差,贫困地区农业大多延续传统生产方式和种植习惯,采用小规模、多样化小农经营模式,投入少,自给自足特征明显。传统性意味着贫困人口所从事的种养殖业主要是为了解决自身的温饱问题,而不可能更多地增加其经济的收入,由于自然条件较差,贫困地区的农户基本上是靠天吃饭,收入仅能维持基本的温饱问题,那么在现有的土地上增加新的技术将可能会徒劳无益,在这样的环境下的农业生产必定是产量低下的;小规模农业意味着在规模有限的土地上,贫困人口已经尽可能地利用了现有的农业要素,进而达到一种高效率的均衡状态,"仅限于对他们所使用的生产要素做出更好的资源配置以及进行更多的储蓄和投资无助于增长",[①]与传统的技术相比,应用能够明显提升农作物单产的新技术带来的收益依然有限,充其量也只能有很小的增长,因此在现有的生产要素中引入新的技术以增加收入就显得微不足道;多样化意味着种养类型多、涉及的农业技术领域宽广,需要学习应用的新技术多,在6~7天短期的农村实用技术培训时间段内,面面俱到的培训也很难产生实

---

① [美]西奥多·W.舒尔茨:《改造传统农业》,梁小民译,北京:商务印书馆,2006年版,第112页。

际的效果。传统性、小规模与多样化叠加在一起形成的碎片化农业生产方式,使得实用技术的学习与应用须投入很多时间、精力,而其收益受到很大抑制。因此,对于以维持基本温饱为主的贫困地区的人口来说,即使采用新技术也不会给他们的生活状况带来多大的变化,而且采用新技术还面临着较高的成本、风险的不确定性,在权衡利弊之下,放弃农村实用技术也是无可厚非的。

传统农业是一种均衡状态,农业生产要素和技术是一种相互匹配的关系。如果没有一种新的生产要素的引入,只对贫困人口进行技术的培训,那么即使再好的技术,对贫困人口来说,那将会产生"有用"的技术找不到发挥作用的着力点——即"无用"的现象和困境。

三、贫困人口能力建设的相关问题讨论

(一)贫困人口能力建设与需求导向问题

在农村实用技术培训的实施过程中,基层政府扶贫部门和培训机构以贫困人口的需求为目标,根据需求设置培训方案和选择培训内容,这从表面上看无可厚非。但是经过深入的研究发现,仅仅以贫困人口的需求为目标的实用技术并没有应用于农业生产实践,这种培训方式并没有产生相应的效果。在公共服务领域,学者们对公共服务的效果诟病最多的莫过于政府所提供的公共服务形式化严重,不能满足公众的需求,大多提出以公众的需求出发来探索建立公众的需求反馈机制。如人民日报记者指出曾有基层文化站在送文化下乡的时候,台上演员载歌载舞,台下观众却很稀少。认为文化下乡在真正落实的过程中效果不好,主要原因在于与群众的需求对接不好,形式主义严重,提出要深入调查群众的需求和喜好,根据群众的生产生活规律安排文化节目。① 甚至有些人以麻将馆的热闹和农家书屋的冷清进

---

① 韩丙锐:文化下乡要对接群众,http://opinion.people.com.cn/n/2014/1130/c1003-26118796.html。

行对比,认为农家书屋的书籍内容陈旧、更新缓慢,跟不上时代的步伐。提出建立"自下而上、以需定供"的互动式、菜单式服务方式,认为公共文化服务应该尊重老百姓的多元化需求,文化资源配置的效率才能更高。① 一些部门在服务下乡的时候认为做到了从政府"配菜"到农民"点菜",从单向活动到双向互动,从"给农民什么就要什么"到"农民要什么就送什么"。这种观点表面看来具有很强的说服力,但同时,我们不禁要问,农家书屋的图书如果更新及时,内容新颖,老百姓就一定去看吗? 麻将馆热闹是否就应该建更多的麻将馆呢? 麻将馆代表的是公共文化服务的建设方向吗? 能够提高公众的文化素质吗? 诚然不是。建立在公众需求基础上的公共服务固然是好的,但同时我们也应该更多地关注这些需求的基础、需求的合理性和这些以这种需求为基础而产生的相应服务效果是否与公共服务的宗旨相一致。

费孝通在《乡土中国 生育制度》一书的"文字下乡"一章中关注了文字的基础和文字下乡的问题。一般认为农村社会的人"愚",那是因为不识字,因此把"愚"和文盲又联系起来,但他并不同意把农村社会的人、文盲和"愚"联系起来。他认为城里人和农村人在遗传上并没有什么特别的识字能力,只是识字的环境不同,城里人的孩子处在更有利于识字的环境之中。城里人的孩子比农村人的孩子识字多是不争的事实,但也可以说农村人识字少是因为农村人本来就不需要文字眼睛。在讨论文字的功能的时候,他认为中国是一个乡土社会,乡土社会的特点就是这种社会里的人是面对面长大的,是天天见面的,甚至不必见面就可以知道是谁,可以用脚的声音来辨别对方是谁。在面对面的直接接触中,大家可以不用文字,但具有他们约定俗成的比较完善的语言。在熟人社会中甚至连话都少了,可以抛开间接的象征材料,可以直接会意。在乡土社会中,不但文字是多余的,语言也并不是唯一的交流工具。所以他并不反对文字下乡,需要说明乡土社会中的文盲较多是由于乡土社会的本质,他们本身并不需要更多的文字,因此提倡乡村

---

① 文化下乡,更要入心:http://news. ifeng. com/a/20160130/47297473_0. shtml。

建设的人需要考虑语言和文字的基础。① 以农村实用技术培训为例的技术下乡与文字下乡、文化下乡有着类似的问题，必须注意这些技术、文化延伸至的乡村社会环境基础。由于乡村社会环境的独特性，以现代理念为指导的技术、文化下乡可能与乡村的需求不甚一致，但是建立在乡村社会环境基础需求上的文化、技术下乡也会与现代的技术、文化理念不相吻合，从而达不到技术、文化下乡应有的效果。

（二）"有用又有效"——贫困人口能力建设何以产生实效？

基于以上的结论，本研究从传统农业的特征入手，认为贫困人口能力建设效果不彰的更深层次的原因则在于传统农业生产方式的碎片化特征，即培训效果受到农业生产方式的结构性制约，本研究因此称之为结构性困境。舒尔茨认为传统农业应该被视为一种特殊类型的经济均衡状态，这种均衡状态是以在一定时期内"构成再生产性生产要素供给基础的技术状况、构成对收入来源需求基础的偏好和动机状况"②保持不变为基础的。在传统农业中，农民所使用的农业要素是祖祖辈辈长期使用的，且很少由于经验的积累而发生明显的改变，也没有引入任何新的农业要素。

因此，农民对其所使用的要素的知识和技术是已知的、不变的。那么，长期以来他们在特定的条件下对所使用的知识和技术是自信的，并且对这些农业要素的风险和收入预期也是明确和稳定的。当引入一种新的生产要素和新的技术的时候，他们真正关心的是这种新的要素和技术所带来的新风险和产量的不确定性。

农村实用技术要想发挥作用，被贫困人口掌握、使用并产生效果以提高其收入，就意味这种技术对于传统农业来说是一种新的生产要素，需要打破它的均衡状态。如前所述，传统农业中农民对自收入来源的预期的偏好和

---

① 费孝通：《乡土中国 生育制度》，北京：北京大学出版社，1998 年版，第15—18 页。
② ［美］西奥多·W.舒尔茨：《改造传统农业》，梁小民译，北京：商务印书馆，2006 年版，第44 页。

动机是非常稳定和相同的,除非新的技术能够带来很大的利益和很小的风险,否则传统农业对现有技术的任何变动都会具有强大的内在抵抗力,这也就是本研究所说的结构性困境的关键所在。

舒尔茨认为打破传统农业资源配置的高效率和均衡性,使其具有现代农业的高生产率的主要源泉是一种特殊物质投入品和相应地会使用这些投入品所要求的技能和能力,这种特殊的物质投入品是在贫困地区农业发展中可能有利的新生产要素,那么这种有利性将会决定农民是否接受这种新农业要素。他进一步指出仅仅从其他地方农民使用新生产要素的有利性来推断贫困地区的农民理所当然也会接受这种新生产要素是错误的,贫困地区的农民接受新的生产要素的有利性取决于新要素在贫困地区社会里的价格及其产量。① 也就是说,要想让传统农业获得增长,关键在于突破传统农业的均衡状态,采用有别于传统农业的、在贫困地区的人口看来是非传统的新生产要素,当这种新生产要素有利可图时,农民才会接受它,但问题是一般情况下,贫困人口很少去寻找这些新要素,主要的原因在于寻找新的生产要素的成本太高了。那么,如何引导传统农业的农民寻找新的生产要素,主要取决于农民学会有效地使用现代农业要素,政府、出售新生产要素的企业都可以帮助提供,依靠向农民进行特殊的投资,以使他们获得必要的新技能和新知识。② 本研究基本同意舒尔茨的这种观点,但是本研究认为向农民进行人力资本的投资与他们掌握新的技术之间并不是简单的直线关系,也就是说对农民进行培训教育还必须关注其所在的农业生产实践环境。因此,一味地主张向农民进行投资,而忽略生产实践环境,就会造成本研究所说的"有用无效"的结构性困境。

具体到本研究中,精准扶贫中把产业扶贫、科技扶贫作为一种重要的扶贫开发手段,通过发挥产业扶贫的"造血"功能和作用,加快贫困人口增收脱

---

① [美]西奥多·W.舒尔茨:《改造传统农业》,梁小民译,北京:商务印书馆,2006年版,第142页。

② 同上,第151页。

贫。《河南省产业扶持脱贫实施方案》中指出,"在贫困地区要着力发展地域优势突出的特色种植业,支持建设一批生态好、效益高、质量优、品牌强的特色农产品生产基地。重点扩大特色林果产品和中药材生产规模,做大大众消费型食用菌和高档珍惜食用菌产业,加快发展特色花卉和苗木产业,大力发展优质茶产业,积极发展特色油料作物产业。积极扩大名特优新蔬菜生产规模,发展乡村旅游产业和特色加工产业。"①《河南省扶贫开发到户增收试点项目管理办法(试行)》也指出,"扶贫到户增收项目要选择贫困人口比较集中和具有产业发展基础的贫困村,以行政村为单位,实行'一村一品'或'数村一品',重点扶持能够发挥当地资源优势、符合当地主导产业发展方向、市场前景好,适于贫困户发展的高效种植业、规模养殖业、农产品加工储运、特色旅游、加工制造等项目。各地可结合本地实际,采取依托农民专业合作组织、龙头企业带动、带资入股分红,或按照村里统一规划由农户自主实施等多种经营模式发展产业,使扶贫到户增收项目融入当地主导产业,实现到户扶贫项目与规模化、标准化现代农业生产方式的有机结合。产业项目要纳入当地产业发展规划,体现规模发展和优势特色,扶贫资金使用效益明显。"②可以说,产业扶贫给改造传统农业,引进新的生产要素带来了契机。在精准扶贫运动式治理强有力的推动下,贫困村的产业发展将会使那些不愿意寻找新生产要素的贫困人口看到希望,变被动为主动,逐渐地参与产业发展的链条中。根据要素和技术相匹配的关系,那么对这些要素所使用的技术进行相关的培训可能会产生有别于传统农业的效益。从调研的 Y 县 W村和 L 村来看,这种情形大抵如此。W 村是在 2015 年 10 份开展的农村实用技术培训,当时还没有开展到户增收项目,培训的效果不甚明显。而在年底实施到户增收项目时,从修建蔬菜大棚开始,水泥杆的选择、栽杆、水利设施的建设、育苗、栽培、施肥、病虫害防治,都由镇里聘请的技术员全程指导,手把手地教这些实用技术,参与种植的农户对这些技术是非常肯定的,也能

---

① 河南省扶贫办:《河南省脱贫攻坚文件汇编》(内部资料),2016 年 7 月。
② L 市扶贫办:《河南涉农资金项目申报指南》(内部资料),2014 年 6 月。

熟练地掌握。在蔬菜大棚种植前期，贫困人口参与较少，因为他们面临着高成本、高风险和收入的不确定性，也就是有利性不甚明朗，当贫困人口看到前期种植的农户有比较高的收益的时候，这些贫困户也开始积极地参与进来。L村开展实用技术培训的最初目的是为了培训花椒产业，贫困户参与较多，虽然还未见效益，但对花椒种植技术的培训效果的评价最高。

不过，也不应该过分单独夸大农村实用技术培训的作用。因为时间短、贫困人口能力贫困、集中培训与农业生产、服务、管理等环节和农时季节的阶段性特征很难吻合，极易造成理论与实践的脱节。因此，有用的技术需要和农业生产的实践相结合才能发挥较大的作用，将农村实用技术培训嵌入产业化的发展链条中是其发挥作用的着力点。从N县G村发展沙梨的实践来看，G村本身就具有发展沙梨产业的优势，已经成为该村群众增收致富的主导产业。在发展过程中，该村的技术带头人起到了技术推广和示范作用，合作社降低了单打独斗的风险和农户自身的恶性竞争，农户已经认识到金珠沙梨收入高于传统农业；有了有利性，农户对实用技术的需求就会增加，通过实用技术培训能够带来较大的收益。在产业发展链条中实用技术发挥的作用主要有两方面，一是所培训的内容能够迅速地应用，如剪枝、农药、专用肥的施用以及病虫害的防治；二是贫困人口中的部分能人的示范带动作用，在他们的带领下贫困人口能够在农业实践中相互学习、经验交流或者手把手地来教，甚至掌握了技术以后还可以让技术走出村庄，从而使得实用技术的作用得以放大。

综上所述，农村实用技术培训在传统的农业要素中单打独斗很难发挥有效的作用，必须借助现代产业要素借力发力。就本研究的主题而言，只有把农村实用技术培训与农业产业化进程有机结合在一起，将培训工作嵌入特色农业产业化发展实践，才能摆脱贫困人口能力建设的结构性困境，找到农村实用技术培训的有效途径。由此出发，在精准扶贫实践中，政府应该回归贫困人口能力建设项目以特色产业发展为主的主导地位，行使在农村实用技术培训中应有的"掌舵"权，而不是一味地完成上级交代的任务和以贫困人口的需求为主的培训方式,放任培训机构漫无目的的培训。政府可以把农村实用技术培训规划与产业扶贫规划整合在一起,引导培训机构依托产业化扶贫项目或农业产业化进程开展技术培训,与适度规模经营和延伸产业链条形成相互促进关系,从而使技术培训不仅"有用",而且"有效"。

四、本研究的理论启示与进一步讨论

本研究认为贫困人口能力建设结构性困境的根本性影响因素在于传统农业的碎片化生产方式。传统农业的小规模、多样化的碎片化特征抑制农村实用技术培训在农业生产实践中的使用并发挥相应的效果,致使出现贫困人口能力建设的"有用无效"的结构性困境。从更加宏观的视角去观察,贫困人口能力建设结构性困境的本质其实就是当前我国小农经济在工业化、市场化的农业现代化浪潮中的发展困境问题,即小农经济与大市场之间的矛盾问题。因此,进一步可以说,贫困人口能力建设结构性困境的解决之道在于突破小农经济发展的瓶颈,实现中国特色农业现代化。农业现代化是由传统农业向现代农业转变的过程,不仅是农业生产手段的现代化,还包括农业制度的变革。[1] 姜和平、辛玲、尤飞等认为中国特色农业现代化的特征主要表现在科学技术化、农业机械化、农业产业化、农业生产专业化和市场化、农业服务社会化、劳动者高素质化等方面。[2] 本研究主要从现代农业的规模化、产业化、专业化的角度进一步讨论农业现代化的发展以及如何突破小农经济发展的瓶颈问题。

从世界各国农业发展的经验来看,有四种主要的模式:大规模家庭农场道路、小规模家庭农场道路、适度规模农场道路、大规模农场和小农并存的发展道路。但从总体上来看,世界各国农业经营的体制还是普遍以自然人

---

[1] 国务院发展研究中心农村经济研究部课题组:《中国特色农业现代化道路研究》,北京:中国发展出版社,2012 年版,第 5 页。

[2] 蒋和平、辛玲、尤飞等:《中国特色农业现代化建设研究》,北京:经济科学出版社,2011 年版,第 5–12 页。

为基础的家庭经营体制,这种体制能够适应农业生产的基本特征,不仅适应于传统农业,也能适应于现代农业。由于人多地少的国情,我国目前实行的是以家庭承包责任制为主的家庭经营形式模式,突出的特征就是小规模土地经营。这种经营模式的局限性就在于规模小、碎片化,劳动生产率低、农产品成本高、农业收入低。随着工业化、城镇化的持续推进,农村劳动力不断向城镇转移,将会使人地关系发生进一步改变,自然而然地出现耕地向部分种田能手集中、土地经营规模逐步扩大。在这一过程中可以鼓励和引导部分农户自愿有偿地流转土地承包经营权,发展专业大户、家庭农场、农民专业合作社等多种形式的适度规模经营,[1]但是中国不可能走资源禀赋大国的大规模农场之路,必须走中国特色的农业现代化道路。这是从普遍的意义上的农业经营规模分析。

从贫困地区农业发展的角度来看,规模化的另外一层含义还将包括在小规模家庭经营的前提下根据本地的资源禀赋,在发展主要特色产业的基础上把家庭分散经营与统一经营和服务的优势结合起来,走特色农业产业现代化的道路。传统农业碎片化的主要特征是农业生产结构的传统性、小规模、多样性,小农资源配置能力有限,社会协作程度低,不适应扩大再生产的内在需求,难以获得规模效益,无法与市场需求对接。[2] 在家庭承包责任制和无法改变人均耕地规模较小的前提下,还可以把这些多样性的农业产业转化为相对集中的某几种或一种产业,在统一经营的基础上也可以发挥规模化、专业化的效应。如 N 县 G 村的沙梨产业,虽然是一家一户的分散种植,但是在家家户户种植的情况下,通过专业合作社的统一经营、统一服务可以克服农户小规模分散生产势单力薄、商品交易成本高、无力抵御市场竞争和市场需求带来的风险,Y 县 L 村的花椒产业、W 村的蔬菜大棚产业也基本采用的是这种产业发展形式。因此,在家庭基本经营制度不变的基础上,

① 国务院发展研究中心农村经济研究部课题组:《中国特色农业现代化道路研究》,北京:中国发展出版社,2012 年版,第 5 页。
② 宋洪远:《农村改革三十年》,北京:中国农业出版社,2008 年版,第 61 页。

把家庭分散的经营优势和统一经营的优势结合起来,加快推进家庭经营向采用先进科技和生产手段方向转变、统一经营向农户联合与合作,形成多元化、多层次、多形式、有活力的农村经营体制和服务体系,是走特色农业现代化道路的一个根本性问题。① 农业产业化经营的组织模式有多种,主要的有龙头企业带动型、中介组织带动型、专业市场带动型,"公司+农户""合作社+农户"是其主要代表。农民合作社是当今世界各国在现代农业发展中发挥作用的重要形式。依托农民合作社,带动农户从事专业化的生产,实现生产、加工、销售的有机统一,形成利益共享、风险共担、惠农利贫的利益共同体。专业化是产业化的基础,产业化是规模化的前提,专业化、产业化、规模化共同推动传统农业向现代农业的转变,实现农业现代化。

另外,在研究农村贫困根源的时候,研究者们基本认为收入或消费的匮乏并不是根本的,而是由于教育、社会保障、健康和机会等方面的贫困导致的"能力贫困"。提高贫困人口的能力,通过教育投资和技能培训以增加贫困人口的人力资本是主要的方式。另外,英克尔斯在研究人的现代性的时候,认为一个人生在农村、具有农村背景的程度从一开始就孕育了传统的态度,这种影响的后果很大程度上是长期的,以从事农业为职业的工作性质很少能刺激他们以新的方式来观察事物,增强个人效能感,或者带来任何能使他们更加现代的其他改变,因而也就造成给予他发现现代性的机会很少。他进一步指出,农村出生的人落在后面不是因为他们是农民,而是因为他们在其中工作的组织框架和他们生活在其中的社会是传统的。因此,当有少数人有幸加入一种有利的新型社会和经济组织,或者受其影响,这些人就会变得现代。② 在本研究中其实发现了提高贫困人口能力的另外一种社会化途径,即在现代化的生产环境和新型的社会和经济组织中,贫困人口也有可

① 国务院发展研究中心农村经济研究部课题组:《中国特色农业现代化道路研究》,北京:中国发展出版社,2012年版,第9页。
② [美]阿列克斯·英克尔斯、戴维.H.史密斯:《从传统人到现代人——六个发展中国家中的个人变化》,顾昕译,北京:中国人民大学出版社,1996年版,第415-416页。

能实现现代性,提高自身的能力。因此,通过正规的学历教育是提高全民素质和能力的主要方式。但在传统的贫困村庄,通过引入现代产业、发展农民合作社等新型组织的方式,让那些无法继续接受学历教育的贫困地区的农户在其中得到发展和锻炼,同样也是重要的能力建设方式。因此,如何通过现代的新型合作组织提高贫困人口的能力也是以后继续深入研究的课题。

参考文献

一、著作类文献

[1][美]安瓦沙.公共服务提供[M].孟华,译.北京:清华大学出版社,2009.

[2][美]E.S.萨瓦斯.民营化与公私部门的伙伴关系[M].周志忍,译.北京:中国人民大学出版社,2002.

[3][美]莱斯特·M·萨拉蒙.全球公民社会:非营利部门视界[M].贾西津,魏玉,译.北京:社会科学出版社,2002.

[4][美]西奥多·W.舒尔茨.改造传统农业[M].梁小民,译.北京:商务印书馆,2006.

[5][美]阿列克斯·英克尔斯,戴维.H.史密斯.从传统人到现代人——六个发展中国家中的个人变化[M].顾昕,译.北京:中国人民大学出版社,1996.

[6][意]奥雷利奥·佩西.人类的素质[M].薛荣久,译.北京:中国展望出版社,1988.

[7][印]阿马蒂亚·森.不平等之考察[M].王利文,于占杰,译.北京:社会科学文献出版社,2006.

[8][印]阿马蒂亚·森.贫困与饥荒[M].王宇,王文玉,译.北京:商务印书馆,2001.

[9][印]阿马蒂亚·森.以自由看待发展[M].任赜,于真,译.北京:中国人民大学出版社,2002.

[10][英]大卫·希尔弗曼.如何做质性研究[M].李雪,张诚颖,译.重庆:重

庆大学出版社,2009.

[11]安春英.非洲的贫困与反贫困问题研究[M].北京:中国社会科学出版社,2010.

[12]范小建.完善国家扶贫战略和政策体系研究[M].北京:中国财政经济出版社,2011.

[13]费孝通.乡土中国 生育制度[M].北京:北京大学出版社,1998.

[14]风笑天.社会学研究方法[M].北京:中国人民大学出版社,2001.

[15]国务院发展研究中心农村经济研究部课题组.中国特色农业现代化道路研究[M].北京:中国发展出版社,2012.

[16]蒋和平,辛玲,尤飞,等.中国特色农业现代化建设研究[M].北京:经济科学出版社,2011.

[17]刘旭涛.政府绩效管理制度、战略与方法[M].北京:机械工业出版社,2013.

[18]陆汉文,黄承伟.中国精准扶贫发展报告(2016)[M].北京:社会科学文献出版社,2016.

[19]孟凡利.企业效绩评价理论与实务[M].济南:山东人民出版社,2002.

[20]清华大学.公共管理评论[M].第2卷.北京:清华大学出版社,2004.

[21]清华大学社会学系.清华社会学评论特辑[M].鹭江:鹭江出版社,2000.

[22]荣敬本,崔之元,王栓正,等.从压力型体制向民主合作体制的转型:县乡两级政治体制改革[M].北京:中央编译出版社,1998.

[23]世界银行.让服务惠及穷人[M].北京:中国财政经济出版社,2004.

[24]宋洪远.农村改革三十年[M].北京:中国农业出版社,2008.

[25]谭诗斌.现代贫困学导论[M].武汉:长江出版传媒、湖北人民出版社,2012.

[26]唐娟.政府治理论:公共物品供给模式及其变迁考察[M].北京:中国社会科学出版社,2006.

[27]吴敬琏.比较·第十二辑[M].北京:中信出版社,2004.

[28]徐勇,邓大才.反贫困在行动:中国农村扶贫调查与实践[M].北京:中国社会科学出版社,2015.

[29]徐勇.中国农村咨政报告(2012年卷)[M].北京:中国社会科学出版社,2012.

[30]俞可平.治理与善治[M].北京:社会科学文献出版社,2000.

[31]张磊.中国扶贫开发政策演变:1949—2005[M].北京:中国财政经济出版社,2012.

[32]周雪光.组织社会学十讲[M].北京:社会科学文献出版社,2003.

[33]朱启臻.中国农民职业技术教育研究[M].北京:中国农业出版社,2003.

[34]唐娟.政府治理论:公共物品供给模式及其变迁考察[M].北京:中国社会科学出版社,2006.

二、期刊类文献

[1]蔡荣生,赵亚平,金驰华.我国贫困地区劳动力转移培训的现状与对策[J].北京工商大学学报:社科版,2005(6):1-7.

[2]曾艳华.农民发展能力的问题与对策[J].经济研究,2006(6):30-31.

[3]陈华宁.我国农民科技培训分析[J].农业经济问题,2007(1):19-21.

[4]陈俊峰,朱启臻.农民教育观的变革[J].高等农业教育,2002(9):10-12.

[5]陈松.公共服务民营化的假设局限及其路径选择:公共性的回归与重构[J].浙江学刊,2014(2):129-224.

[6]陈雪莲.人类发展:评判社会发展进程的新分析框架:以近六十年来中国的发展为例[J].马克思主义与现实,2010(1):47-51.

[7]储亚萍.论政府"做精明买主"的重要性:评唐纳德·凯特尔的《权力共享:公共治理与私人市场》[J].云南行政学院学报,2010(3):104-107.

[8]段世江,石春玲."能力贫困"与农村反贫困视角选择[J].河北大学学报（社会科学版）,2005(1):99-104.

[9]方劲.可行能力视野下的新阶段农村贫困及政策调整[J].经济体制改革,2011(1):73-78.

[10]方黎明,张秀兰.中国农村扶贫的政策效应分析:基于能力贫困理论的考察[J].财经研究,2007,33(12):47-57.

[11]方永新.论公共理论在社区管理中的实践应用[J].管理观察,2015(7):54-55.

[12]高梦滔,姚洋.健康风险冲击对农户收入的影响[J].经济研究,2005(12):15-25.

[13]韩俊.中国农业现代化六大路径[J].上海农村经济,2012(11):4-8.

[14]贾凌民,吕旭宁.创新公共服务供给模式的研究[J].中国行政管理,2007(4):22-24.

[15]蒋寿建.新农村建设应注重培育新型农民[J].唯实,2007(12):63-64,92.

[16]柯炳生,陈华宁.对培养新型农民的思考[J].中国党政干部论坛,2006(4):36-38.

[17]林慧.农村劳动力转移培训中的八种模式[J].成人教育,2006(10):29-30.

[18]刘乾瑜,徐一鸣,欧本谷,黄晓玲.中国当前农村剩余劳动力转移培训的现状、问题及对策分析[J].西南师范大学学报(人文社会科学版),2002(3):76-81.

[19]刘伟.新时期人力资源管理的思考[J].新西部,2008(5):28.

[20]刘修岩,章元,贺小海.教育与消除农村贫困:基于上海市农户调查数据的实证研究[J].中国农村经济,2007(10):61-68.

[21]刘有贵,蒋年云.委托代理理论述评[J].学术界,2006(1):69-78.

[22]陆汉文,杨永伟.劳动力转移培训项目贫困影响评估:一个初步框架以

沙县小吃就业创业培训为例[J].中国农业大学学报(社会科学版),
2016,33(5):129-136.

[23]陆汉文.东部地区特色农业发展路径:产业链与利益相关者的交叉视角
[J].当代农村财经,2016(7):9-14.

[24]孟兰芬.新农村建设中的农民素质问题[J].理论与现代化,2006(6):
85-88.

[25]农民的培训需求及培训模式研究课题组.农民的培训需求及培训模式
研究总报告[J].经济研究参考,2005(35):2-27.

[26]彭浩.借鉴发达国家经验 推进政府购买公共服务[J].财政研究,2010
(7):48-50.

[27]齐海丽.我国政府购买公共服务的研究综述[J].四川行政学院学报,
2012(1):33-36

[28]沈茂英.试论农村贫困人口自我发展能力建设[J].安徽农业科学,2006
(10):2260-2262.

[29]寿月仙.浅析农村劳动力转移培训模式[J].农民科技培训,2009(7):
10-11.

[30]宋宪萍,张剑军.基于能力贫困理论的反贫困对策构建[J].海南大学学
报(人文社会科学版),2010(2):69-73.

[31]王春婷.政府购买公共服务研究综述[J].社会主义研究,201292):
37-42.

[32]王汉生,王一鸽.目标管理责任制:农村基层政权的实践逻辑[J].社会
学研究,2009(2):61-92.

[33]王金艳.雨露计划扶贫培训探析[J].理论学刊,2015(8):79-85.

[34]王玲艳,刘颖.西方政府购买(教育)服务的背景、运行机制及其应注意
的问题[J].学前教育研究,201195):9-14.

[35]王名,乐园.中国民间组织参与公共服务购买的模式分析[J].中共浙江
省委党校学报,2008(4):5-13.

[36]王庆成.发挥高职教育在新农村建设中的作用[J].经济研究导刊,2008(15):54-55.

[37]王小林.贫困标准及全球贫困状况[J].经济研究参考,2012(10):41-50.

[38]王永钦,包特.公共服务部门的所有权安排及其绩效:我们知道了什么?[J].世界经济文汇,2008(3):57-75.

[39]翁杰,郭天航.中国农村转移劳动力需要什么样的政府培训? 基于培训效果的视角[J].中国软科学,2014(4):73-82.

[40]吴国宝.扶贫开发重点工作的有效性讨论[J].老区建设,2008(5):25-27.

[41]吴国宝.我国农村扶贫开发有方式的有效性讨论[J].中国党政干部论坛,2008(5):25-27.

[42]项显生.论我国政府购买公共服务主体制度[J].法律科学(西北政法大学学报),2014,32(5):69-77.

[43]项显生.我国政府购买公共服务边界问题研究[J].中国行政管理,2015(6):38-45.

[44]熊新山.培养农民身份的大学生是新时期高等农业教育的重要使命[J].农村经济,2003(6):112-114.

[45]许芸.从政府包办到政府购买:中国社会福利服务供给的新路径[J].南京社会科学,2009(7):101-105.

[46]闫艳燕.余国新.新疆农业实用技术培训现状及效果分析[J].农村科教,2015(1):27.

[47]杨宏山.公共服务供给与政府责任定位[J].中州学刊,2009(4):5-8.

[48]杨桦,刘权.政府公共服务外包:价值、风险及其法律规制[J].学术研究,2011(4):52-58

[49]杨兰伟,智建飞.关于农村转移劳动力培训途径及存在的障碍[J].农村经济与科技,2004(7):19-20.

[50]杨秋霞,张业清.地方政府购买服务构成要素优化体系研究[J].思想战线,2011(2):238-239.

[51]杨伟兰.农业信息对农村转移劳动力培训的影响与对策[J].农业网络信息,2008(6):73-74,78.

[52]杨晓军.农民工就业培训的需求分析[J].北方经济,2009(1):12-13.

[53]叶托.超越民营化:多元视角下的政府购买公共服务[J].中国行政管理,2014(4):56-61.

[54]叶托.契约管理:公共服务外部购买中的政府职能[J].广东行政学院学报,2013(4):5-11.

[55]易承志.政府向社会组织购买服务相关问题研究:基于组织功能比较优势的视角·以上海市为例[J].太平洋学报,2012(1):73-82.

[56]俞贺楠.产业转型升级对我国农村转移劳动力就业的影响及对策研究[J].兰州学刊,2014(5):170-174.

[57]詹国彬.公共服务合同外包的理论逻辑与风险控制[J].经济社会体制比较,2011(5):149-155.

[58]张省,刘延刚,李博.政府购买社工服务模式研究[J].绵阳师范学院学报,2013(12):117-121.

[59]赵延东,王奋宇.城乡流动人口的经济地位获得及决定因素[J].中国人口科学,2002(8):8-15.

[60]赵子建.公共服务供给方式研究述评[J].中共天津市委党校学报,2009,11(1):80-85.

[61]赵子建.权力回归与多主体动态平衡论:公共服务供给方式多元化的政治学新解[J].视野,2010(4):35-37.

[62]朱建明,祝伟倩.试论职业教育在新农村建设中的作用[J].农业考古,2007(6):383-384.

[63]竺乾威.政府经营公共服务的战略地位与能力建设[J].党政视野,2015(3):52.

[64] 邹薇. 传统农业经济转型的路径选择: 对中国农村的能力贫困和转型路径多样性的研究[J]. 世界经济, 2005(2): 34-47, 80.

三、学位文献

[1] 曹丽娟. 农村劳动力培训的政府管理问题初探[D]. 威海: 山东大学, 2011.

[2] 陈都. 我国农村剩余劳动力转移培训财政协同机制研究: 基于恩施州 L 县的调研[D]. 武汉: 中南民族大学, 2012.

[3] 郭天航. 政府对农村转移劳动力人力资本投资的效果评估: 基于山东省泰安市的实证研究[D]. 杭州: 浙江工业大学, 2013.

[4] 贺巧知. 政府购买公共服务研究[D]. 北京: 财政部财政科学研究所, 2014.

[5] 李国强 山东省农村劳动力转移教育培训研究[D]. 青岛: 中国海洋大学, 2009.

[6] 刘倩. 陕西省农村劳动力转移分类培训研究[D]. 咸阳: 西北农林科技大学, 2013.

[7] 瞿志远. 公共服务供给中的主体间关系[D]. 杭州: 浙江大学, 2015.

[8] 王春婷. 政府购买公共服务绩效与其影响因素的实证研究[D]. 武汉: 华中师范大学, 2012.

[9] 王玉霞. 农村劳动力转移培训的供给和需求研究: 基于江苏政府支持的培训机构样本分析[D]. 南京: 南京农业大学, 2012.

[10] 许昆. 农村劳动力转移培训的投资机制研究[D]. 杭州: 浙江大学, 2007.

[11] 尹飞霄. 人力资本与农村贫困研究: 理论与实证[D]. 南昌: 江西财经大学, 2013.

[12] 张亮. 我国新型农民培训模式研究[D]. 保定: 河北农业大学, 2010.

[13] 张永祥. 社会资本视角下的中、日、韩三国反贫困研究[D]. 成都: 西南

财经大学,2011.

[34]赵吉云.重庆市农村剩余劳动力培训质量保障研究[D].重庆:西南大
学硕士,2008.

四、其他文献

[1]《L市2015年雨露计划培训工作方案》。

[2]《L县CR职业技术培训学校"雨露计划"实用技术培训班总结报告》。

[3]《关于改革财政专项扶贫资金管理机制的意见》(国开发[2014]9号)。

[4]《教育部关于实施农村实用技术培训计划的意见》(教职成[2005]2号)。

[5]《农业部办公厅 财政部办公厅关于印发〈2013年农村劳动力培训阳光工
程项目实施指导意见〉的通知》(农[2013]36号)。

[6]《中共中央、国务院关于打赢脱贫攻坚战的决定》(中发[2015]34号)。

[7]《中共中央、国务院关于尽快解决农村贫困人口温饱问题的决定》(1996
年10月23日)。中国国情-中国网 GUOQING. CHINA. COM. CN.

[8]《中国农村扶贫开发纲要(2001—2010年)》(国发[2001]23号)。

[9]《中国农村扶贫开发纲要(2011-2020年)》(2011年12月1日.http://
www.gov.cn/.

[10]L市扶贫办:《河南涉农资金项目申报指南》(内部资料),2014年6月。

[11]S县"雨露计划"培训工作实施方案:《2016年"雨露计划"培训农村实
用技术培训工作实施方案》(S贫[2016]8号)。

[12]国务院办公厅:《国务院办公厅关于支持贫困县开展统筹整合使用财政
涉农资金试点的意见》(国办发[2016]22号)。

[13]国务院扶贫开发领导小组:《关于改革财政专项扶贫资金管理机制的意
见》(国开发[2014]9号)。

[14]河南省扶贫办:《关于印发〈河南省扶贫开发农村实用技术培训指导意
见〉的通知》(豫扶贫办[2016]73号)。

[15]河南省扶贫办:《河南省脱贫攻坚文件汇编》(内部资料),2016年7月。

［16］河南省扶贫办:《河南省 2014 年"雨露计划"培训工作实施意见》，http://fpb. henan. gov. cn/2019/11-22/1099620. html.

［17］刘国永. 国际农村劳动力转移培训经验及我国实践与政策思考［R］. 厦门:2005 年中国教育经济学年会会议,2005:547-562.

［18］刘永泉. 中国农村劳动力转移培训研究［R］. 北京:2007 年中国成人教育协会年会暨第四届会员代表大会,2007:4-29.

［19］中华人民共和国国务院新闻办公室:《中国农村扶贫开发的新进展》白皮书.

附录1 农村实用技术培训入户调查问卷

姓名	与户主关系	年龄	文化程度 (1.小学及以下 2.初中 3.高中 4.大专及以上)	健康状况 (1.健康 2.体弱多病 3.长期慢性病 4.患有大病 5.残疾)	职业 (1.务工 2.务农 3.固定工资收入者 4.经商 5.学生 6.其他)
	户主				

1.家庭属性:

1)低保贫困户　2)非低保贫困户　3)五保户

2.主要致贫原因(限选3项):

1)因病　2)因残　3)因学　4)因灾　5)缺土地　6)缺水　7)缺技术 8)缺劳力　9)缺资金　10)交通条件落后　11)自身发展动力不足 12)其他____

3.收入来源主要有:

1)务农　2)务工　3)经商　4)土地山林转让　5)各类补贴

4. 您家现有耕地_____亩,其中流转入_____亩,其中种植养殖情况:

种养殖情况	2015 年	2016 年
玉米	亩	亩
小麦	亩	亩
谷子	亩	亩
红薯	亩	亩
花椒	亩	亩
花生	亩	亩
辣椒	亩	亩
西红柿	亩	亩
牛	头	头
羊	头	头
猪	头	头
鸡	只	只
鸭	只	只

5. 您上次接受的农村实用技术培训是否征求过您的意见?

1)征求过 2)没征求

6. 您上次参加农村实用技术培训是否是自愿的?

1)是 2)不是

7. 您认为由政府组织农民进行农村实用技术培训是否有必要?

1)有必要 2)不必要

8. 您上次参加了_____天培训?

9. 您没有全程参与的原因是?

1)家中有事 2)培训的内容与自己种养殖情况不符

3)培训内容不实用

10. 您上次接受了哪些实用技术培训?

1)玉米种植 2)小麦种植 3)红薯种植 4)花生种植 5)花椒种植

6)辣椒种植 7)西红柿种植 8)牛养殖 9)羊养殖 10)猪养殖

11)鸡养殖 12)鸭养殖 13)14)其他_____

11. 您觉得政府实施的农村实用技术培训的方式是否合理？

1）很合理　2）比较合理　3）一般　4）不合理

12. 您觉得上次参加的农村实用技术培训的内容安排是否合理？

1）很合理　2）比较合理　3）一般　4）不合理

13. 您对政府实施的农村实用技术培训是否满意？

1）满意　2）一般　3）不满意

14. 您觉得上次实用技术培训整体的实用效果如何？

1）很实用　2）比较实用　3）一般　4）不实用

15. 您觉得不实用的原因是什么？

1）时间短　2）培训内容少　3）与自家种养殖不相关

4）培训老师讲课不实用

16. 您觉得下列实用技术的实用性如何？

培训内容	很实用	比较实用	一般	不实用
玉米种植				
小麦种植				
红薯种植				
花生种植				
花椒种植				
辣椒种植				
西红柿种植				
猪养殖				
羊养殖				
牛养殖				
鸡养殖				
鸭养殖				

17. 您为什么参加农村实用技术培训？

1）提高种养殖技术　2）村委会要求参加　3）政府要求参加

4）随便听听

18. 您觉得哪项实用技术的效果最明显？

1）玉米种植　2）小麦种植　3）红薯种植　4）花生种植　5）花椒种植

6）辣椒种植　7）西红柿种植　8）牛养殖　9）羊养殖　10）猪养殖

11）鸡养殖　12）鸭养殖　13）　　14）其他＿＿＿＿＿＿

19. 您喜欢的培训方式主要有

1）集中培训　2）技术人员到田间地头和家里亲临指导　3）参观学习

4）看科教片　5）看 DVD 影碟和电脑光碟

20. 农村实用技术的使用对您家庭增收起到的作用

1）很大　2）大　3）较大　4）不大

21. 您对农村实用技术培训还有什么好的建议？

_____

_____

_____

附录2 农村实用技术培训扶贫办主要领导访谈提纲

1.请您谈谈本县近几年农村实用技术培训开展的总体情况

2.请您谈谈本县农村实用技术培训的整体效果。

3.请您谈谈农村实用技术培训与当地产业的结合状况。

4.请您谈谈本县农村实用技术培训项目的申报情况。

5.请您谈谈本县"雨露计划"培训基地的建设情况。

6.请您谈谈县扶贫办是如何将农村实用技术培训的任务委托和分配给培训基地的,县扶贫办和培训基地的关系是怎样的?

7.请您谈谈县扶贫办是如何监督培训基地的,如何避免培训基地执行过程中存在的一些问题?

8.请您谈谈农村贫困人口参与农村实用技术培训的积极性问题。

9.请您谈谈如何更好地提高农村实用技术培训的质量?

附录 3 农村实用技术培训村干部 访谈提纲

1. 请您简单介绍一下本村的基本情况、贫困状况及产业发展状况。

2. 请您谈谈本村开展的农村实用技术培训的总体情况。

3. 请您谈谈当时的技术培训是如何和培训基地对接的?

4. 当时是否征求了贫困户的意见? 如何动员贫困户参与培训的,积极性如何?

5. 请您谈谈培训基地当时是如何开展培训的?

6. 您对当时开展的农村实用技术培训的看法是怎样的?

7. 您觉得农村实用技术培训的效果如何? 是否给本村贫困户的脱贫带来了实质性的效果?

8. 影响农村实用技术培训效果的因素有哪些?

9. 请您谈谈如何更好地提高农村实用技术培训的质量。